Uma Flor do nosso Jardim

Somos associados da **Fundação Abrinq** pelos direitos da criança.
Nossos fornecedores uniram-se a nós e não utilizam mão-de-obra infantil ou trabalho irregular de adolescentes.

Uma Flor do Nosso Jardim

1-7-05-6.000

Direção editorial: **Flávio Machado**
Assistente editorial: **Dirce Yukie Yamamoto**
Chefe de arte: **Marcio da Silva Barreto**
Capa: **Júlia Machado**
Diagramação: **Ricardo Brito**
Revisão: **Maria Aiko Nishijima**
Berenice Martins Baeder
Fotolito da capa: **Digigraphic**
Impressão: **Yangraf Gráfica e Editora Ltda.**

Ficha catalográfica elaborada por
Lucilene Bernardes Longo – CRB-8/2082

Arueira, Nina (Espírito).
Uma flor do nosso jardim / romance do Espírito Nina Arueira ; psicografado pelo médium Alceu Costa Filho. – São Paulo : Petit, 2005.

ISBN 85-7253-129-7

1. Espiritismo 2. Psicografia 3. Romance espírita
I. Costa Filho, Alceu II. Título.

CDD: 133.9

Impresso no Brasil, no inverno de 2005.

Prezado leitor(a),

Caso encontre neste livro alguma parte que acredita que vai interessar ou mesmo ajudar outras pessoas e decida distribuí-la por meio da internet ou outro meio, nunca deixe de mencionar a fonte, pois assim estará preservando os direitos do autor e conseqüentemente contribuindo para uma ótima divulgação do livro.

Uma Flor do nosso Jardim

Romance do Espírito

Nina Arueira

Psicografado pelo médium

Alceu Costa Filho

petit editora

Rua Atuaí, 383/389 – Vila Esperança/Penha
CEP 03646-000 – São Paulo – SP
Fone: (0xx11) 6684-6000
Endereço para correspondência:
Caixa Postal 67545 – Ag. Almeida Lima
03102-970 – São Paulo – SP

www.petit.com.br
petit@petit.com.br

Livros psicografados pelo médium Alceu Costa Filho:

Com o Espírito Nina Arueira

- *O Diário de Sofia*
- *Uma Flor do Nosso Jardim*

Com o Espírito Cornélio Pires

- *Ao Entardecer de uma Existência*
- *O Tempo de Cada Um*

Com o Espírito Xisto Vinheiros

- *Nas Margens do Grande Rio*
- *Do Amor Nasce o Perdão*
- *Os Valores e o Tempo*

Com o Espírito Filipe

- *Entre Amigos*
- *À Sombra da Luz*
- *Razões para um Dia Feliz*
- *Na Poeira dos Séculos*
- *Para Vocês com Saudade*
- *Memórias da Mediunidade*
- *O Portal da Consciência*
- *Ser Feliz: uma Conquista Pessoal*

*"Nascer, viver, morrer, renascer ainda e progredir sempre, tal é a lei."**

* No original, no túmulo de Allan Kardec: "Naître, mourir, renaître encore et progresser sans cesse telle est la loi" (Nota do Editor).

Sumário

Prefácio

O objetivo de uma existência cujos compromissos se estendem para além do círculo de amigos e familiares íntimos, movimenta deste lado da vida um número incontável de corações, cujas mãos operosas se dispõem ao trabalho com Jesus, oferecendo condições para que este se concretize. As sábias palavras do Espírito de Verdade, de que "Os espíritos influenciam em nossas vidas mais do que podemos imaginar", concretizam-se nesta obra, em que o objetivo maior de seus protagonistas é a prática do amor cristão, amparando e servindo. Jardins existem muitos, com uma variedade imensurável de flores que devem ser preparadas para o objetivo maior de suas existências: permitir que sua beleza e perfume inebriem corações, concitando-os ao serviço de amar e servir com Jesus.

Haja paz,

Filipe

Belo Horizonte, 25 de abril de 2002.

Um amanhã tão perto

Você, jovem, que alimenta sonhos, cultiva esperanças, faz planos para suas vitórias e conquistas, não considere o amanhã tão longe. Para o espírito milenar que você é, o longe está sempre perto. O amanhã é logo ali, com o despontar de um novo dia, de um novo ano. Rapidamente você venceu a infância e se viu obrigado a desfazer-se de suas alegrias e folguedos, e isso foi em um ontem não muito distante. Aproveite o vigor de sua mocidade e armazene em seu coração o conhecimento que o favorecerá no amanhã não muito longe e prossiga vivendo seu momento presente com a certeza de que fez bem sua parte neste ontem de seu amanhã tão perto. A você dedico estas páginas, a você e a todo aquele que, desperto, procura conhecer as verdades eternas e tomá-las como luz para seus passos e objetivo de renovação espiritual. Viva, jovem, entre sonhos e momentos, sempre tendo Jesus como "O Caminho, a verdade e a vida". Como semente do amanhã, você sofrerá alguns embates até que vença a armadura que o protege e, em um longe tão perto, a tenra planta surgirá como promessa de árvore frondosa no amanhã, em que seus frutos, filhos de seu ser, identificarão a boa qualidade da árvore-mãe. Avante, portanto, nos compromissos que lhe cabem, beneficiando-se das alegrias de suas descobertas com Jesus no hoje.

Dedico estas páginas com o meu carinho e ternura às vigas mestras de nossa doutrina no amanhã.

Com meu amor.

Com meu beijo.

Com Jesus.

Para as flores de nosso jardim,

Nina Arueira

capítulo um

O retorno de Carmela

O céu limpo permitia que se avistassem as primeiras estrelas, enquanto o ar úmido e frio trazido pela brisa do mar percorria os corredores do hospital. No quarto, havia duas camas e em uma delas estava Carmela, querida amiga e companheira de áureos tempos. Acomodada entre lençóis claros, trazia em seu semblante as marcas do mal que determinava a gravidade de sua situação física perante os encarnados. A respiração descompassada e ofegante quebrava o silêncio do ambiente e, assistida por amigos espirituais, via-se que vivia seus últimos momentos na posse do corpo físico. A seu lado, no plano físico, uma jovem de presumíveis quinze anos chorava baixinho, enquanto fazia suas orações, apelo que motivou minha presença e a de Matias ao lado das duas; aproximei-me sem interferir nas tarefas dos trabalhadores que ali estavam e abracei a jovem, que logo pressentiu minha presença e pensou:

"Seja quem for você, anjo bom, leve minha prece até Deus e peça em benefício de minha mãe. Ela não pode morrer agora! Como vou viver sozinha? Papai já morreu, o que será de mim, meu Deus?".

Voltei meu pensamento a Deus em benefício daquela alma querida que, mesmo agora, envolta pela vestimenta física, continuava sendo a amiga dileta que me amparou e direcionou meus passos quando em minha curta e última existência.

Era ela o anjo bom que aparecia nos meus sonhos, fazia-me sorrir, mostrou-me a luz da fé, transformou em venturosos meus últimos dias tristes e dolorosos quando no usufruto do corpo físico. Como poderia me esquecer desse coração bondoso que voltou à Terra pouco tempo depois de meu retorno para cá? Enquanto me entregava às lembranças de meu passado, dos afetos queridos que dele fizeram parte, buscava amparar e acalmar com palavras de conforto e amizade:

– Tenha fé, querida Celina, Jesus não nos desampara nunca! É chegado o momento de sua mamãe retornar para casa. Muitos corações aqui esperam ansiosos por seu retorno ao lar. Todos desfrutamos de sua convivência amiga e sincera quando de nossa passagem pela Terra. Foi ela uma ótima e admirável amiga, quando juntas tecíamos nossos sonhos de adolescente, e você, atenta, deste lado da vida, pacientemente nos amparava. Carmela logo estará em nosso meio, e tenho certeza de que assim que puder estará a seu lado, amparando-a em sua caminhada! Ela foi a semente de amor e carinho lançada ao solo por você, Celina, quando a amparou nos seus primeiros passos na descoberta da fé, e mais tarde ofereceu-lhe o colo para que você pudesse ser o fruto dessa árvore de esperança e amor. Como sua mãezinha é amparada pelos laços de amor que nos unem a todos à sombra da árvore da vida, continuará lhe dedicando todo o carinho e atenção de seu coração de mãe.

Celina entregara-se ao sono e, semidesprendida do corpo, identificava com clareza minha presença sem muito compreender o que se passava:

"É a irmã Nina! Eu a reconheci pelo retrato que temos. A senhora e minha mãe foram amigas quando jovens. Não deixe que ela se vá, não deixe que ela morra! Peça a Deus para me ajudar neste momento. 'Pai nosso que estais no céu...'"

Abraçada à jovem Celina, permaneci até que o "nascimento" de Carmela entre nós chamou a atenção, quando, ainda trazendo em meus braços sua filha adormecida, abracei-a emocionada! Minha amiga e companheira de folguedos infantis e de sonhos adolescentes dormia sob a proteção dos irmãos encarregados de acompanhar-lhe o retorno. Tinham-se passado vinte minutos da zero hora quando a enfermeira que entrou no quarto trazendo nas mãos a bandeja de medicamentos notou a palidez cadavérica do corpo que serviu à nossa irmã. Foram momentos difíceis para Celina, que, mesmo tendo sido criada em berço espírita, enfrentava dificuldades para administrar a situação. Devido à sua pouca idade e à ausência total de amigos e familiares, a direção do hospital optou por comunicar as autoridades que, precariamente, assumiram providências legais que a situação exigia. Alguns poucos conhecidos foram avisados, já que as duas tinham se mudado havia pouco mais de um mês para aquele Estado. Dois ou três colegas de trabalho de Carmela compareceram, e nenhum conhecido dos bancos escolares de Celina marcou presença. A distância e a precariedade das estradas impediam que amigos e familiares se deslocassem e chegassem a tempo para as últimas despedidas. Em Campos, terra natal de ambas, amigos se reuniram em prece e enviaram a Deus suas orações. Enfim, o dia terminou. Celina viu fecharem o esquife de sua mãezinha e esforçou-se por memorizar essa última imagem. Sozinha em casa, sem saber qual caminho tomar, aceitou minha sugestão e buscou o conforto da prece, logo se entregando, vencida pelo cansaço, aos benefícios do sono reparador. Amparada por Matias, querido amigo e irmão de todos nós, descansou em seu colo. Enquanto isso acontecia, busquei a orla do mar para fazer minha prece e o pedido de proteção a Deus para os compromissos à nossa frente. Era madrugada do dia 15 de março de 1954, e me encontrava no litoral catarinense.

capítulo dois

O amigo espiritual

Matias se aproximou sorrateiramente e aguardou que eu lhe dirigisse a palavra:

– Como ela está, querido amigo?

– Descansa junto do corpo...

– Obrigada, Matias. Que Jesus possa nos amparar nos compromissos que temos pela frente!

– Tenho certeza disso, minha irmã. Aproxima-se o dia dezoito, a irmã conseguirá estar presente à reunião de preces?

– Somente Deus poderá nos responder. As tarefas à frente determinam dedicação e carinho, afinal, Celina é uma das flores de nosso jardim, embora distante fisicamente. Se não pudermos estar presentes, uma querida irmã se dispôs a fazê-lo e nos representará.

Matias retornou a casa e assumiu suas responsabilidades ao lado de Celina, que, pela manhã, arrumou-se como de costume e dirigiu-se ao colégio como se nada houvesse acontecido. Conversou, assistiu às aulas e quando retornava ao lar foi interpelada por dona Lucélia, vizinha da casa ao lado com quem sua mãe andara ensaiando amizade:

– Olá, Celina! Você está bem?

– Estou sim, dona Lucélia!

– E sua mãe, como tem passado? Melhorou da gripe? Há vários dias não a vejo!

– Melhorou sim, dona Lucélia. Ela viajou por determinação de seus superiores!

– Então você está sozinha? Se precisar de qualquer coisa, não se acanhe, é só bater aqui em casa!

– Obrigada, dona Lucélia, se precisar buscarei ajuda sim!

Enquanto entrava em casa, Celina perguntava a si mesma:

– Porque não falei a verdade? Mas acho que também não menti. Tenho medo de contar toda a história. Acho melhor ficar calada até eu resolver o que fazer.

Ao fechar a porta, correu para o quarto e lançando-se sobre a cama desabafou:

– Mãe, mãezinha, por que a senhora fez isso comigo, deixando-me sozinha? O que eu faço, mamãe? Como vou viver? Por uns tempos sei que será fácil, pois tem muito mantimento e algum dinheiro na gaveta, mas e depois?

Matias, como amigo fiel e zeloso, mantinha-se a seu lado influenciando-a:

"Confie em Deus, Celina. Aquele que Nele crê não fica em desamparo. Você tem muitos amigos aqui deste lado da vida, como os tem também aí".

– Onde estão meus amigos? Estou muito longe de minha terra, talvez fosse melhor eu tentar voltar para lá.

"Vamos nos esforçar para entender o que Deus quer dizer neste momento, minha amiga, e continuar fazendo nossas preces."

– Mas estou com muitas saudades de minha mãe, só em pensar que nunca mais vou vê-la! Mãezinha, estou com medo, ajude-me, por favor!

"Será preciso alguns dias até que você consiga o equilíbrio, Celina. Até lá, esforce-se para não cometer erros como blasfemar contra Deus e seus desígnios. Afinal, se você o aceita como Pai e Amigo como pode duvidar de sua assistência?"

– Mas Deus foi injusto comigo; no momento em que eu mais precisava de minha mãe Ele permitiu que ela se fosse!

"Celina, minha querida irmã, existem dores maiores do que a sua. Você já pensou naquele pequenino abandonado logo depois das primeiras horas de nascido? E a criança sem lar, cujos pais morreram quando ensaiava os primeiros passos? E o coração materno que perde o filho querido depois de ampará-lo e educá-lo, na esperança de que se tornasse a realização dos seus sonhos? E a criança sem teto ou abrigo, faminta de amor e carinho, vivendo das sobras das mesas recolhidas no lixo? E a velhice desamparada? E você, Celina? Falta-lhe a mãe que você teve até há poucos dias... Mas não lhe faltam amigos; um teto para se abrigar, adquirido por sua mãe à custa de muitos serões; uma despensa abastecida para vários dias. Não lhe falta a vestimenta bem-cuidada e carinhosamente confeccionada por sua mãe. E sua fé, minha amiga? O que foi feito dela? E as tardes alegres junto dos colegas na Escolinha de Evangelização e posteriormente na Mocidade? É nos momentos de dor que temos de confiar nos desígnios de Deus, mesmo que nossa dor, momentaneamente, seja a maior de todas. E quando a tempestade passar, reconheceremos seus benefícios."

Celina, perfeitamente sintonizada com Matias "ouvia" cada conselho, cada palavra; suspirou profundamente e enxugando as lágrimas comentou:

– Ainda bem que minha mãe me deu uma religião! Parece que estou ouvindo alguém falando comigo e me aconselhando. Que saudades de Stela, Lila, Marília, Sheila... que saudades das tardes alegres na Mocidade, da Escola Jesus Cristo! Será que conseguirei voltar para lá um dia? Perdoe-me, meu Deus, se às vezes me desespero, mas tenho medo e estou sozinha.

"Não se esqueça de orar sempre, Celina. Você não está sozinha nem desamparada, tem sua fé!", comentou Matias, ainda abraçado à pequena flor que todos amávamos.

capítulo três

Saudades

Celina levantou cedo, foi até a cozinha e ensaiou algumas lágrimas, que não chegaram a molhar sua face:

– Mãezinha, que saudades da senhora! Quando eu levantava, o café já estava pronto, a mesa servida, eu podia ficar o tempo que quisesse em frente ao espelho, e ainda aguardava sua palavra final: "Esse coque não ficou bom, minha filha, vamos fazer umas tranças que eu a ajudo!". Ah, mamãe, foi um tempo bom, eu deveria ter aproveitado mais!

As badaladas do cuco fizeram-na despertar de seus sonhos e rapidamente terminou de aprontar-se sem sobrar tempo algum para o desjejum. Apressada, Celina fechou a porta e, aos primeiros passos, ouviu a voz da vizinha:

– Celina, minha filha, você está atrasada, não está?

– Bom dia, dona Lucélia, estou sim! Dormi além do previsto.

– Aposto que não tomou seu café hoje.

– Não deu tempo.

– Um momento aí que vou preparar um pão com queijo para você levar.

– Não precisa se incomodar, dona Lucélia.

– Não me faça desfeita, e enquanto isso você volta em casa e se agasalha melhor. Nós estamos no Sul, minha filha!

Feliz por alguém se preocupar com ela, Celina voltou para casa e se agasalhou melhor. Ao voltar, já encontrou a vizinha, que a esperava no portão com um pequeno embrulho nas mãos, afirmando:

– Tome, Celina. Agora se apresse, caso contrário não vão deixá-la entrar.

Celina agradeceu sorridente e seguiu a passos largos o caminho da escola, enquanto duas lágrimas insistiam em cair:

– Ela agiu como se fosse minha mãe.

O vento frio vindo do sul era prenúncio de tempestade ainda pela manhã e Celina, temerosa, apressou-se ainda mais ao perceber que pequenas gotas já caíam; buscava a proteção de algumas marquises, quando alguém acomodado no passeio dificultou-lhe a passagem. Em pé, junto da parede, um senhor ainda jovem trazia ao colo uma criança, um menino de dois ou três anos. Sentada no chão, entre alguns embrulhos, um vasilhame de cozinha e uma mala, a mãe amamentava uma criança. Celina parou assustada, tocada pela cena naquela manhã fria e chuvosa, e os olhares se cruzaram cheios de interrogação. O impacto causado pela cena foi tão forte que nossa "flor", paralisada e de olhos fixos na jovem mãe, falou:

– Bom dia, senhora!

A mãe, desconfiada, abraçou-se ainda mais à criança e nada respondeu. Celina então, desconcertada, continuou:

– Está frio e parece que vai chover, o senhor poderia aceitar isto aqui? É só o que eu tenho no momento.

Celina estendeu-lhe o embrulho com a merenda que dona Lucélia preparara, e o senhor, que trazia o menino no colo, respondeu:

– Nós não estamos pedindo esmolas, não! Não somos mendigos e não vivemos da caridade dos outros. É melhor você seguir seu caminho. Você dormiu em uma cama quente, a mãezinha preparou-lhe uma mesa farta hoje pela manhã e papai a trouxe até aqui preocupado com sua segurança. Vá embora daqui, mocinha! Um pedaço de pão não vai resolver o nosso problema, não!

Celina, de olhos arregalados e agora ainda mais paralisada, não conseguia movimentar as pernas. Olhando para a jovem mãe sentada no chão, que ainda trazia o filho ao peito, notou duas discretas lágrimas darem brilho a seus olhos e, no afã de se afastar rapidamente, deixou cair em seu colo o embrulho com a merenda. Nesse momento, ouviu o comentário da também assustada mãe:

– Se você for quem eu estou pensando, é filha de Carmela.

Antes que a jovem mãe completasse a frase, Celina respondeu e se afastou rapidamente:

– Sim, senhora, sou filha dela sim.

A palidez com que chegou à escola chamou logo a atenção da colega de sala:

– Você está passando mal, Celina? Está com cólicas?

– Não, Ana, nem uma coisa nem outra. Vim correndo e isso me deixou cansada.

– Vá para a sala. Eu aviso que você não estava passando bem por isso não ficou no pátio. Afinal, nós só vamos cantar o Hino Nacional e fazer uma oração. Pode ir, Celina, eu falo com dona Maria José!

– Está bem, Ana. Vou me sentar um pouco para ver se melhoro!

Situação resolvida, a manhã de aulas transcorreu sem novidades, mas à medida que se aproximava seu término, Celina ficava ainda mais ansiosa pela expectativa de rever aquele casal e as duas crianças. Uma chuva constante e não muito forte ainda caía, quando o sino tocou encerrando as aulas.

– Se você quiser, eu lhe dou uma carona no meu guarda-chuva, Celina – ofereceu Ana. – Só que estou com o guarda-chuva de meu pai, pois minha sombrinha quebrou e estou morrendo de vergonha! Se formos as duas, ninguém vai saber de quem é. Por favor, Celina, aceite!

Em pouco tempo, saíram as duas abraçadas e protegidas pelo enorme guarda-chuva. Celina sugeriu à amiga o mesmo trajeto que havia feito pela manhã, na esperança de encontrar novamente o casal com as crianças, mas foi em vão, não havia ninguém.

– Ninguém iria ficar na chuva com duas crianças, Celina! – comentou Ana, depois que Celina contou-lhe o fato.

– Está chovendo muito e eles devem ter voltado para casa.

– Que casa, Celina? Ouvi meu pai comentando que eles chegaram à cidade há coisa de quinze dias e estão esperando um caminhão com a mudança que nunca chega. Meu pai acha que foram roubados pelo motorista e que esse caminhão não vai chegar nunca!

– Como seu pai sabe de tudo isso, Ana?

– Meu pai é policial, por isso ele sabe! Ah, e tem mais, eles são seus conterrâneos, também vieram do Rio de Janeiro!

Celina calou-se e, enquanto caminhavam abraçadas esforçando-se para se desviar das enormes poças de água, pensava:

"Ela sabia o nome de minha mãe, devem ter sido conhecidas! Quem sabe eles são lá da nossa terra? Como vou saber se não os encontrar mais?"

Logo chegaram à frente da casa de Celina, que se despediu da amiga buscando abrigo no aconchego do lar:

– Se mamãe estivesse aqui estaria dizendo: "vá trocar essa roupa molhada, menina, antes que fique doente. Por que não esperou a chuva passar? É teimosa e não pensa nos riscos. Ande, menina, vá trocar de roupa e venha para perto do fogão!".

Celina sorria enquanto pensava, mas logo a realidade da situação a trouxe de volta de suas lembranças e o silêncio da casa quebrado apenas pelo barulho da chuva fizeram-na chorar. Matias, que estava a seu lado, abraçou-a enquanto falava-lhe:

"O que é isso, minha menina? Sem lágrimas de revolta, pois elas não nos levam a nada. A dor da saudade é um benefício para a alma. Aproveite bem este momento, minha querida

Celina! Carmela se recupera rapidamente e em breve virá ter com você. Até que isso aconteça, procure proteção em Deus, que nós aqui estamos prontos a ampará-la e a ajudá-la. Vamos fazer uma prece. Não sou um bom jardineiro, mas vou cuidar bem desta 'flor do jardim da Nina'".

capítulo quatro

O jardineiro e a flor

Ainda não era noite, mas o início da tarde estava escuro e obrigava Celina a deixar as luzes acesas, enquanto fazia seus exercícios de escola. Uma pausa a levou a pensar:

– Hoje passei por lá novamente e não encontrei aquele casal. O que será que foi feito deles? Às vezes fico em dúvida quanto à justiça de Deus. Há três dias minha mãe se foi e ainda não consegui aceitar o fato. E aquelas duas crianças sem teto? Meu Deus, é tão difícil compreender!

Matias, sempre atento, sugeriu-lhe algumas respostas:

“Celina, minha amiga, pouco ainda você viu nesta vida! A justiça divina é perfeita e ninguém está longe de seu alcance. Os fatos que determinam nossa vida fazem parte da bagagem de compromissos que acumulamos no decorrer dos séculos, por isso nunca devemos menosprezar as oportunidades que se apresentam para aprendermos e continuarmos nossa jornada.

Os acontecimentos do momento determinam critério e avaliação dos compromissos à frente e, amparados na fé, compreenderemos e saberemos bem assimilar as oportunidades que se apresentam".

– É aquela voz dentro do meu pensamento outra vez. Ela tem respostas para tudo! Engraçado que não estou com medo!

"Você nada tem a temer, Celina. Sou apenas o 'jardineiro' e você é a 'flor'! Precisamos nos dar muito bem, pois dependemos um do outro!"

– Gostei da colocação, senhor jardineiro, mas o senhor tem um rosto?

"Claro, Celina, mas não devemos nos preocupar tanto com o rótulo quando o mais importante é o conteúdo. Veja-me como um amigo disposto a ajudá-la."

– E minha mãe? Por que ela não está ao meu lado? O senhor tem notícias dela?

"Tenho sim! Como todo viajor depois de uma longa jornada, ela se recupera, fortalecendo-se em local apropriado!"

– Por que ela partiu tão cedo? Ela era ainda muito nova!

"Não existe um tempo, ou idade física limite que determine ao espírito retornar da Terra. Para cada caso um julgamento, para cada ação uma sentença! Sua mãe, assim como você e todos nós que buscamos colher benefícios de elevação, temos uma rota a seguir com muitos portos, repletos de compromissos dos quais não conseguimos nos isentar para prosseguirmos em nossa jornada. Para todos nós que a amamos, é imprescindível estarmos a seu lado, e tendo a reciprocidade como uma conseqüência, todos colheremos frutos da solidariedade fraterna."

Celina levantou os olhos e observou a chuva que caía, criando contornos e formas no vidro da janela; seu pensamento a levou de volta à infância repleta de folguedos e alegria:

– Lembro-me de que quando era criança eu ouvia uma voz, mas era de uma mulher, por isso minha mãe me levou para assistir às aulas de evangelização no centro espírita. Lembro-me de que na tentativa de fugir aos compromissos eu mentia, afirmando que não mais ouvia as vozes, mas só à medida que fui crescendo e tendo meus próprios deveres ela foi desaparecendo. Acho que é porque agora estou sozinha que voltei a ouvir. Por que será então que ela não me responde como vou fazer para viver sem minha mãe por perto?

Matias, ainda sintonizado com Celina, respondeu-lhe:

"Livre é o plantio, mas obrigatória é a colheita, Celina. Você se beneficia ainda das reservas deixadas por sua mãe, mas terá de cultivar e buscar com as próprias mãos seu direito à vida na Terra."

Celina levantou-se da cadeira e, agora, dirigindo-se até a janela, imitou a chuva e permitiu que algumas lágrimas fluíssem das janelas de seu coração enquanto pensava:

– Quinze anos e sozinha nesta vida! Mamãe nunca me falou de ninguém além dos muitos amigos que ficaram lá em Campos. Quanta menina na minha idade reclama da vigilância dos pais, enquanto eu sinto falta da disciplina que me dava garantia de segurança. Dona Lourdes, lá da Mocidade, falava que estamos sempre colhendo os frutos do nosso passado. Se eu vivi outras vezes mesmo, por que não consigo me lembrar? Se eu pudesse, falaria para essas meninas que reclamam da vigilância dos pais como é ruim não tê-la! Sempre fui uma sonhadora, com mania de falar sozinha, e mamãe dizia que era porque eu não tinha irmãos, mas dona Lourdes falou-me certa vez que isso era um fenômeno que acontece com aqueles que são médiuns, porém não entendi nada! Meu Deus! Tenho de lavar minha blusa do uniforme. Estou com as duas sujas! Está vendo? Se mamãe estivesse por aqui, isso não aconteceria! Se ao menos papai estivesse vivo! Mas ele morreu quando eu era tão nova! Nem me lembro dele. O que será que o senhor da voz, como é mesmo o nome dele? Não consigo me lembrar! Mas o que será que ele quis dizer quando afirmou que terei de cultivar com minhas próprias mãos meus direitos à vida?

Matias, voltando-se para mim, afirmou:

– Querida irmã, preocupam-me as limitações de que sou portador no atendimento à nossa querida "flor". Não consigo fazê-la voltar às suas obrigações e afazeres domésticos!

– Não se preocupe, Matias! Até que Carmela possa ajudá-lo, estarei sempre disponível. Compromissos com ações de relevância logo estarão batendo à porta de nossa querida amiguinha e ela crescerá mais rapidamente. Por ora, é ainda uma adolescente que precisa de orientação e disciplina.

Então aproximei-me de Celina e a abracei, e, num átimo, ela colocou as mãos na cabeça e falou:

– Meu Deus. Fico aqui conversando sozinha e me esqueço de minhas obrigações! Já está na hora do jantar e eu nem arrumei a cozinha do almoço. Meu Deus! E as blusas do uniforme? Como vou fazer para secarem até amanhã se está chovendo? Vou usar o ferro de passar roupa, já vi mamãe fazendo isso.

capítulo cinco

As lembranças

Dias haviam se passado desde que iniciara minha assistência a Celina, alternando com Matias as tarefas de orientação e auxílio à nossa querida "flor". Ele no aconselhamento doutrinário e esclarecedor, e eu a estimular nossa querida na execução disciplinada dos compromissos e afazeres. A alegria de servir, principalmente àqueles que muito nos ajudaram, torna-nos privilegiados na execução das leis de amor, visualizando novos e promissores horizontes para o amanhã de nossa vida. Portanto, é impossível descrever com palavras a felicidade que domina nosso coração nesta tarefa!

Celina olhou para o relógio, que marcava pontualmente dezesseis horas daquela tarde de domingo. Debruçada à janela, observava a movimentação na rua, quando crianças brincavam sob o olhar vigilante de suas mães. A lembrança de Carmela lhe veio à mente:

– Mãezinha, como sinto sua falta! Será que a senhora está bem? Sinto-me como o passarinho que teve as penas de suas asas arrancadas e, embora livre, está impossibilitado de voar. Como gostaria de tê-la agora afagando meus cabelos, ensinando-me a bordar, enquanto me contava sobre sua infância, seu namoro com papai, suas amigas, sua juventude. Você nunca reclamava, mamãe! Nunca vi a senhora revoltada com a vida. Como deve ter sido difícil perder o papai com tão pouco tempo de casada! Ah, mas você não ficou sozinha, eu já estava por aqui! Engraçado... nunca senti tanto a falta de meu pai como ultimamente! Fico com remorso só de pensar que se passaram tantos anos e eu não me lembro de ter derramado uma só lágrima de saudade por ele, quando foram muitas por não ter um pai. Foi egoísmo de minha parte, mas só hoje sei como era feliz, pois eu ainda tinha mãe. Não gosto de ficar pensando nisso não; é a realidade, mas me incomoda bastante. Acredito que qualquer um no meu lugar sentiria a mesma coisa! Tenho de rezar mais. Mamãe sempre falou que todos devemos agradecer sempre a Deus, porque a dor é uma das formas mais rápidas que ele encontrou de se fazer compreendido por nós. Dona Lourdes, lá da escolinha, também falava a mesma coisa com outras palavras, mas é tão difícil precisar da fé e tão fácil afirmar que a temos! Mas preciso dela para continuar e acreditar no meu amanhã! Vou procurar um lugar onde tenha um grupo de jovens para eu freqüentar. Mamãe me disse que aqui perto de casa tinha um centro espírita, mas não tivemos tempo de visitá-lo com a história da mudança e tudo o mais.

Dona Lucélia, à porta de sua casa, já lhe acenara três vezes, cumprimentando-a, mas nossa amiga, perdida em seus pensamentos, não notara sua presença. A vizinha, preocupada e curiosa, aproximou-se do portão e só então foi notada por Celina.

– Boa tarde, dona Lucélia!

– Boa tarde, menina! Você está bem? Já a cumprimentei por três vezes e você nem me viu!

– Desculpe-me, dona Lucélia, mas eu estava aqui perdida em minhas lembranças. A senhora está bem?

– Com a ajuda de Deus, tentando executar a parte que me cabe nesta vida. Mas, responda-me: será que você não estava também alimentando uma saudade?

Celina apenas sorriu concordando e a vizinha prosseguiu:

– Sua mãe já voltou?

Celina assustou-se, só voltando a equilibrar-se quando se lembrou de que não havia contado para a vizinha o que realmente havia acontecido:

– Não, senhora.

Dona Lucélia, percebendo a insegurança de Celina, sugeriu:

– Você poderia me convidar para um café, o que você acha?

– Ah, sim senhora, vamos entrar, dona Lucélia.

– Vamos nos sentar aqui na varanda e aproveitar a tarde que não está fria.

– Vamos sim, dona Lucélia, mas não sei como fazer café!

– Como fazer o quê, minha filha?

– O café. Eu nunca fiz, não tomo café!

– Depois vou lhe ensinar como fazer à moda do sul, não se preocupe com isso, não! Eu é que ando preocupada com você sozinha nessa casa! Sua mãe tem o hábito de se ausentar tanto tempo em viagem?

– Não, senhora.

– Então você não está habituada a ficar sozinha?

– Realmente, não estou.

– Coitadinha, e quando sua mãe volta?

– Logo.

– Responda-me uma coisa, Celina: será que meu coração está mentindo para mim ou é você?

– Como assim?

– Você não tem obrigação de me contar sua vida, não, mas só me responda uma coisa: não é verdade que sua mãe viajou, não é mesmo? Nenhuma mãe iria se ausentar tanto tempo do lar sem ao menos pedir ao vizinho para dar assistência aos que ficaram. Estou certa, minha filha?

Celina abaixou a cabeça e de olhos fixos no chão pensou na resposta:

"Afinal, eu não cometi nenhum erro, apenas a vida me tornou órfã! Não vejo por que não lhe contar a verdade, ela não poderá fazer nada para alterar a realidade da situação".

Celina armou-se de coragem e falou:

– Na realidade, dona Lucélia, a viagem de minha mãe não tem volta. Ela morreu do coração! Começou a passar mal e morreu dois dias depois.

– Você não está brincando com uma coisa tão triste, está?

– Estou lhe dizendo a verdade, dona Lucélia. Agora vivo sozinha aqui em casa.

Alguém bateu palmas na casa de dona Lucélia, e esta se levantou indo atender, enquanto Celina mantinha-se de cabeça baixa, perdida em seus pensamentos. Passados alguns minutos a vizinha retornou comentando:

– Não gosto do entardecer, traz-me lembranças tristes. O de hoje está mais triste ainda com a notícia que você me deu sobre Carmela. Sempre tive certeza de que seríamos grandes amigas, mas não houve tempo! Ainda bem que ela lhe deixou um teto, não é mesmo? Aquela pobre coitada que bateu lá em casa ainda há pouco longe está de ter esse privilégio.

– De quem a senhora está falando?

– Daquela que chamou lá em casa agora há pouco!

– Eu ouvi, mas não vi a pessoa.

– Era uma mulher com dois filhos. O marido era pescador, e, no segundo dia que estavam no mar, o barco dele se perdeu. Não se salvou ninguém. Coitada. Como vai criar aquelas crianças? Imagine viver com duas crianças, uma ainda sendo amamentada, em um barraco de madeira e zinco?!

Celina levantou-se e rapidamente chegou ao portão na expectativa de ver a pessoa citada pela vizinha, mas nada viu.

– O que foi, Celina? Por que a pressa? Por acaso você conhece a moça?

– Como falei para a senhora, eu não a vi, mas tem uma conhecida de minha mãe lá de Campos que está na cidade com o marido e dois filhos, pensei que talvez fossem eles!

A conversa das duas durou até o início da noite, quando dona Lucélia voltou para seu lar e minha amiga buscou o aconchego do seu. Enquanto as primeiras estrelas cintilavam no céu, a rua, agora deserta e silenciosa, testemunhava a movimentação de um vulto, que furtivamente buscava as sombras caminhando pelo lado oposto aos postes. Parou na frente da casa de dona Lucélia. Observou, caminhou mais alguns passos até a frente da casa de Celina e, depois de alguma hesitação, abriu silenciosamente o portão indo até a varanda e, sob a proteção desta, depositou no chão um volume envolto em panos e cobertores, afastando-se apressado. Aproximava-se das vinte e uma horas quando o choro convulsivo de uma criança chamou a atenção de Celina, que acabara de fazer sua última refeição. Matias, sem conseguir conter a emoção, convidou-me à prece e, ali mesmo, em meio a algumas flores daquele jardim, voltamo-nos ao Criador com nossa súplica agradecida.

capítulo seis

A surpresa de Celina

Celina abriu a porta e deparou com uma criança sentada em meio aos cobertores:

– Meu Deus! Quem a deixou aqui?

Nossa amiga foi até o portão e observou a rua deserta; voltando em seguida recolheu a criança em seus braços e já dentro de casa viu que era um menino de aproximadamente dois anos. Nenhum bilhete, nenhuma identificação. E como ele não parava de chorar continuou segurando-o no colo. A criança embalada e aquecida aquietou-se:

– O que faço, meu Deus? Não tenho leite aqui em casa e mesmo que tivesse nunca preparei uma mamadeira!

O choro da criança chamou a atenção da vizinha, dona Lucélia, que bateu à porta de Celina:

– Você ainda está acordada? Não tenha medo, sou eu, Lucélia.

Celina acomodara o pequeno em sua cama e ele dormia. Abriu a porta permitindo a entrada da amiga, e atirou-se em seus braços, num pranto emocionado, enquanto a vizinha assustada perguntava:

– O que houve, minha filha? Ouvi uma criança chorando muito, e como somos só nós neste pedaço da rua e não era em minha casa imaginei que pudesse ser daqui.

– A senhora não vai acreditar no que aconteceu, dona Lucélia!

Celina levou a vizinha até o quarto onde o pequenino dormia e contou-lhe tudo o que se passara. Esta, assustada e atônita, comentou:

– Ele se parece com a criança que esteve aqui em casa hoje à tarde. Você lembra daquela viúva do pescador com os dois filhos?

– Eu não os vi, a senhora apenas me contou!

– Mas é ele mesmo! Como será que veio parar aqui?

– Alguém o trouxe e o deixou na varanda embrulhado neste cobertor e nestes panos.

– Meu Deus! Será que aquela mãe estava tão desesperada a ponto de abandoná-lo?

– Alguém o colocou aqui, dona Lucélia. Ele estava semienrolado no cobertor quando o escutei chorando. Será que está com fome?

– Se estivesse, estaria chorando até agora.

– Mas ele estava chorando ainda há pouco!

– E o que você deu a ele, Celina?

– Nada, apenas o coloquei na cama e o agasalhei.

– Acho melhor prepararmos um leite quente com açúcar.

– Eu não tenho leite aqui em casa! Nós não temos o hábito de comprar, e mesmo que tivesse, como faríamos sem mamadeira?

– Oh, meu Deus! Lá em casa também não tem leite!

– Só nos resta rezar e pedir a Deus que nos ajude.

– E o que você vai fazer com a criança, Celina? Você não pode ficar com ela. Você ainda é muito jovem para assumir um compromisso deste! E além do mais você não tem sua mãe para ajudá-la!

– Ele também, não. A senhora acha que eu deveria tê-lo deixado lá fora?

– Não sei. Mas, quem sabe, a mãe se arrependesse e voltasse para buscá-lo!

– A senhora faria isso, dona Lucélia?

– Não faria, não, mas que situação difícil!

Enquanto as duas conversavam, Matias voltou-se para mim comentando:

– O primeiro passo foi dado, e com a ajuda de Deus espero que consigamos alcançar nosso objetivo!

– Conseguiremos, meu irmão. Pela manhã Celina já terá se afeiçoado à criança e nosso querido Tadeu terá reencontrado a irmãzinha do ontem.

– Esperamos que Clarita procure Celina para que o processo tenha seguimento!

– Vamos cuidar disso, Matias. Vamos até a residência de nossa irmã e a ajudaremos na tomada das decisões. Celina preparou-se por muitos anos para este momento e já perdoou Clarita, buscando a oportunidade da atual existência a fim de ampará-la e aos demais. Nossa "flor" teve sua semente bem adubada e está pronta para vencer toda sorte de intempérie, amparada que está na fé! Portanto, não existe nenhum impedimento às duas de se encontrarem.

Deixamos Celina e dona Lucélia e nos dirigimos ao lar de Clarita, mãe do pequenino Tadeu. O lampião aceso indicava que ainda estava acordada e entramos. Recostada na cama, nossa irmã soluçava, abafando o ruído com as mãos, receosa de acordar a menina de poucos meses adormecida:

– Ajude-me, Senhor, será que aquela senhora vai cuidar bem do meu filho? Ela parece ser uma boa pessoa, eu não tenho como alimentá-lo! Acho que não vou conseguir ficar sem ele! Dê-me forças, Jesus.

Clarita achou que havia deixado a criança na casa de dona Lucélia e acreditava também ter sido a decisão acertada, mas seu coração de mãe a alertava quanto aos compromissos e a deixava inquieta.

– Tadeu, eu o amo muito, meu filho, foi para seu bem que fiz isso. Por favor, acredite em mim!

Matias envolveu nossa irmã com vibrações fraternas, e Clarita, acalmando-se, interrogava a si mesma:

– O que eu e meus filhos fizemos de errado para merecermos tanta dor assim? Fui uma boa filha, sempre rezei e quando papai me deixou no orfanato com as irmãs, depois da morte de minha mãe, eu não me revoltei. Eu estava com nove anos! Comecei a sofrer desde muito cedo, ainda criança. Nem mesmo a gravidez me impediu de continuar lavando roupa para fora para ajudar nas despesas de casa. O que fiz de errado para sofrer tanto a ponto de dar meu filho para outra pessoa? E se aquela senhora não abrir a porta? E se ele não chorar? Meu Deus, ele vai morrer congelado lá naquela varanda. Como pude fazer isso? Eu devia ter ficado lá até ter certeza de que ela iria recolhê-lo! Tenho de voltar lá e confirmar isso. Mas já passa da meia-noite, e o frio da madrugada é o pior.

Em desespero, Clarita entregou-se novamente ao pranto, enquanto o vento frio passava pelas frestas do modesto barraco, e ainda sob a influência de Matias decidiu-se:

– Vou até lá! Preciso me certificar de que ele foi recolhido e está bem agasalhado. Além do mais, esqueci de deixar sua mamadeira.

Clarita, entre lágrimas de ansiedade, agasalhou a filhinha, envolvendo-a com alguns panos. Com a mamadeira nas mãos, saiu na noite fria em direção à casa onde deixara o pequeno Tadeu para ser amparado. O vento frio do litoral catarinense não encontrava resistência naquele corpo carente de alimento, que caminhava ziguezagueando buscando driblar sua impetuosidade, e, com muito mais dificuldade do que algumas horas antes, Clarita chegou à rua onde residia Celina. A essa altura, uma chuva fina caía. Hesitante, parou em frente às duas casas e voltou a optar pela de Celina, que, agora sozinha, estava sentada dentro de casa a vigiar o sono do pequeno Tadeu, depois de concordar com dona Lucélia que, pela manhã, procurariam as autoridades e entregariam a criança. Pensativa e de olhos vermelhos de tanto chorar, comentava intimamente:

– Se você estivesse aqui, saberia como agir, mãezinha! Tenho certeza de que a senhora ficaria com ele para nós e eu teria um irmãozinho. Mamãe, ajude-me a ficar com ele! É tudo tão triste aqui em casa depois que a senhora se foi...

Matias aproximou-se de Celina e comentou:

"Jesus nos afirmou que 'Seja o que for que peçais na prece, crede que obtereis e vos será concedido'. Por que você não reza, Celina? Fale com Deus!".

– É aquela voz. Não brinque comigo, senhor jardineiro, a situação é muito triste.

"Concordo, minha filha! Mas a vontade de Deus está presente em todos os momentos, mesmo naqueles que julgamos serem de muita dor e sofrimento! Vamos orar, Celina, está conosco uma amiga e seremos três a pedir a Jesus para que atenda ao seu pedido."

Celina fechou seus olhos e a acompanhamos em sua prece. Enquanto isso, lá fora, a chuva e o vento frio faziam Clarita segurar com dificuldade a pequenina que trazia nos braços. Aos poucos, enfraquecida e com frio, sentou-se recostada ao portão de Celina, enquanto, mesmo depois de já ter adentrado o pequeno jardim, buscava coragem para chamar.

– Tadeuzinho não está mais na varanda, sinal de que ela o recolheu. Mas ele deve estar com fome e sua mamadeira está aqui comigo. Antes eu precisava de coragem para vir até aqui, agora preciso de forças. Não consigo me levantar, muito mal consigo segurar a neném! Ela não pode ficar nesta chuva. Meu Deus, ela vai acabar morrendo.

Celina, sob a influência de Matias, foi até a cozinha e colocou mais lenha no fogão que dona Lucélia acendera para ela, aproximou do fogo as panelas que continham a pouca comida que sobrara após sua refeição, dialogando consigo mesma:

– Não posso deixar este fogo se apagar, não! Desde que mamãe se foi, eu só cozinho no fogão de querosene. E quando ele acabar? Deve ser muito caro! O fogão de lenha esquenta também a casa, se o neném acordar com fome vai ter de comer arroz, feijão e chuchu. Eu amasso tudo e faço uma papinha igual à que mamãe fazia para mim!

Matias, aproveitando a pausa e o assunto em foco, sugeriu a Celina:

"Você já pensou quantas pessoas estão ao relento sem os benefícios do calor e do teto, Celina?".

– Ninguém consegue viver ao relento aqui no Sul, não! Aqui o vento é mais frio e mamãe me falou que chega até a formar gelo nas árvores.

"Mas sempre existem aqueles que estão ao relento e tão enfraquecidos que não conseguem nem pedir ajuda."

– Eu não gostaria de estar no lugar desses infelizes.

Celina olhou naturalmente para a sala e notou, através dos vidros da janela, a claridade que vinha de fora.

– Acho que deixei a luz da varanda acesa, ou será que é a luz do poste?

Por sugestão de Matias, nossa "flor" se dirigiu até a janela para verificar e depois de olhar deu um passo para trás, exclamando:

– Senhor Jesus, não pode ser verdade!

capítulo sete

Reencontros

A visão de Clarita sentada ao chão sob a chuva a assustou.

– Eu não acredito, meu Deus! Mãezinha, ajude-me a entender o que está se passando!

Celina voltou a olhar pela janela, esperançosa de que a visão tivesse desaparecido, mas lá estava ela!

– O que eu faço? Deve ser a mãe da criança que se arrependeu e voltou para buscá-la! Agora é tarde, não vou deixar que a leve, não!

Rapidamente se afastou da janela e acomodou-se perto do calor do fogão enquanto seu pensamento divagava:

– Só pode ser a mãe dele! Eu já me afeiçoei a ele, vai ser ruim vê-lo partir. Por que, meu Deus, todos de quem eu gosto partem e eu continuo sozinha? Eu não compreendo. Ela o abandonou e agora deve ter se arrependido.

"Celina, minha filha", comentou Matias, enquanto a envolvia fraternalmente. "Não julgue amparada em hipóteses! Quem lhe garante que a mãe veio buscar o filhinho? A preocupação com você mesma é tanta que nem reparou que ela traz outro nos braços! Não seja egoísta, minha querida. Estenda as mãos quando lhe pedirem ajuda! O coração daquela mãe sofre a perda do filhinho e quem somos nós para julgarmos suas atitudes e decisões?! Não conhecemos os motivos dela! Quem poderá afirmar que sua mãezinha, por mais amparada que esteja, não sofre com a distância que a separa de você? Para compreendermos a dor e os motivos que levaram esta mãe a tomar tal atitude, teríamos de voltar ao passado. E certamente se estivéssemos no lugar dela para nós também não iria restar alternativa... Talvez lhe falte a fé, a certeza da presença de Deus a guiar e a amparar todos os nossos passos, ou talvez ainda ela obedeça simplesmente a uma determinação do passado, vindo bater à sua porta! Por isso, querida amiga, não julgue aquela mãe quando não conhece a intimidade de seu coração. Se olharmos atentamente, veremos que o frio, a fome e talvez a ausência da fé a tornam incapaz de lutar. Faltam-lhe nesse momento a mão amiga, a palavra de conforto, o gesto de solidariedade. Vá, Celina, seja você a luz e o amparo para essa mãe, e o calor para aquela outra criança prestes a sucumbir com o frio da noite! Vou pedir a Deus por você, minha irmã, para que compreenda que acima de seus sonhos e necessidades existem seus deveres e compromissos de um espírito em evolução!"

Matias encerrou seu comentário com uma prece e Celina impressionada com tudo o que ouvira do amigo tirava suas conclusões:

– Eu realmente nem reparei que ela traz consigo outra criança. Acho que é egoísmo de minha parte, mesmo! Muita coisa que ele falou é verdade. Céus! O frio e a chuva vão fazer os dois adoecerem. É melhor eu abrir a porta e deixá-la levar o menino. Não vou ter meios de cuidar dele, mesmo!

Decidida, Celina abriu a porta e, chegando até a varanda, evitando sair à chuva, chamou pela jovem mãe:

– Hei! A senhora está me ouvindo? Venha para cá, saia da chuva!

Por mais que chamasse, a jovem não se levantava e Celina foi ficando preocupada:

– Meu Deus, será que ela morreu? Ela está com os olhos abertos, mas não se movimenta.

Clarita, enfraquecida, não conseguia levantar-se do chão e balbuciava o pedido de ajuda que era abafado pelo barulho da chuva. Atendendo às sugestões de Matias, ela fez um esforço e estendeu os braços ofertando a filhinha que choramingava. O movimento fez com que a criança ficasse descoberta e Celina, chocada com a cena, não conseguiu suster-se sobre as pernas e caiu de joelhos exclamando:

– Senhor, meu Deus, o que o Senhor espera de mim com os acontecimentos desta noite? Por que o Senhor levou minha mãe e me deixou sozinha num momento como este? Ajude-me, Senhor Jesus, faça com que tudo isso seja apenas um sonho!

Clarita, empreendendo um esforço sobre-humano continuava a sustentar a filhinha no ar, com os braços estendidos em direção à Celina, que se recusava a crer no que via, quando Matias novamente interveio:

"Celina, não seja egoísta, veja a criança que ela lhe oferta! Ali estão duas vidas esperando que você acorde para a realidade, abra seus olhos. Celina, estenda sua mão amiga, recolha estas duas almas e não tema, estamos do seu lado e juntos conseguiremos!"

Celina abriu os olhos em prantos e dirigiu-se ao encontro das duas, e como a mãe insistia para que pegasse a criança, ela assim o fez com uma das mãos, enquanto procurava levantar Clarita com a outra, o que não conseguiu. Com a criança nos braços dirigiu-se rapidamente ao interior da casa e a acomodou no tapete da sala, voltando para ajudar Clarita. Abraçada a esta, tentou erguê-la, mas nossa irmã mal conseguia rastejar. Com a ajuda e a insistência de Celina, fazia-o para conseguir o abrigo e a proteção da casa. A chuva implacável e fria fluía torrencialmente naquele momento, mas não conseguia desfazer o quadro de solidariedade, quase impossível de ser previsto se voltássemos algumas décadas no tempo, quando o ódio, o orgulho e o preconceito distanciavam aqueles corações.

Com dificuldade, alcançaram a varanda, e Clarita jogou-se ao chão em um desmaio súbito, que passou despercebido por Celina que achou estar ela apenas descansando. O choro do bebê fez com que ela corresse até a sala. Recolhendo-o do chão levou-o até o quarto, retirou toda sua roupa que estava molhada e enrolou-o com seu uniforme escolar, que estava cuidadosamente estendido sobre a cama. A saia toda franzida, passada e frisada com carinho, transformou-se em um aconchegante agasalho para o bebê acomodado sobre a cama que fora de Carmela, sua mãe. Os gemidos de Clarita, que despertava, levaram-na de volta à varanda, onde nossa irmã tentava levantar-se. Celina a amparou e apoiada nas paredes a conduziu até a cozinha, onde a acomodou perto do fogão beneficiando-a com o calor. Levando as mãos à cabeça, Celina comentou em desabafo:

– O que faço, meu Deus? Não tenho leite para as crianças e não sei como cuidar da mãe. Alguém me ajude, por favor!

Com facilidade, nossa querida amiguinha assimilou nossas sugestões e passou a adotar medidas práticas e realistas, buscando amparar Clarita.

capítulo oito

A reconstituição do ontem

Celina voltou-se para Clarita, que embora junto ao fogo ainda tremia de frio, e desabafou:

– Não tenho leite, pão ou biscoitos, vou lhe dar um pouco de comida, acho que vai lhe fazer bem!

Clarita balançou a cabeça concordando com nossa amiga, e com a ajuda dela conseguiu alimentar-se por mais de uma vez. Celina lhe trouxe algumas roupas que pertenciam à mãe e a ajudou a trocar-se, para em seguida acomodá-la com a filhinha na cama que fora de Carmela. Serenada a situação, Celina sentou-se e buscou compreender melhor os acontecimentos:

"Meu Deus, quanta coisa ao mesmo tempo! Nem sei o nome dela e das crianças! Será que agi certo, mãezinha? Ela estava com fome e frio, eu não poderia deixá-la ao relento, bem como seus filhos... Deus me ajude se eu tiver cometido algum erro. Ela não me parece estranha! Será aquela que encontrei na rua naquela manhã? Se for, a conheceu, mamãe! Vou procurar dormir um pouco, estou cansada e já são quase três horas. Não posso ir à escola, a neném está dormindo enrolada na minha saia do uniforme! Eu também não poderia sair e deixá-los sozinhos".

Celina deitou com o menino e rapidamente adormeceu, quando Matias aproveitou para comentar comigo:

– A natureza colaborou com pinceladas magistrais na reconstituição do ontem, quando todos os que aí estão buscavam distanciar-se desde aquela noite fria e chuvosa.

– Naquela noite, tantas décadas atrás – relembrei – Celina personificava o egoísmo ao expulsar a madrasta e os dois filhos, seus irmãos... Filha do primeiro casamento do marquês, ela não aceitava que os irmãos do segundo matrimônio, pois o marquês enviuvara, tivessem os mesmos direitos que ela, e na noite seguinte ao desencarne do pai os expulsou com a ajuda de servidores da casa remunerados especialmente para esse fim.

Matias aproveitou minha pausa e não conseguiu conter-se:

– O marquês foi o grande culpado por não ter dado à filha a educação de que ela precisava. É onde falham os pais, quando se esquecem de que a disciplina é matéria constante e primordial no currículo de evolução dos filhos sob sua responsabilidade! Isso sem falar na orientação religiosa que lhes cabe oferecer.

– Sob o olhar indisciplinado e preguiçoso de muitos pais – comentei –, espíritos em evolução e de posse da indumentária física na condição genética de filhos perdem grandes oportunidades de aprendizado por lhes faltar a mão amiga que corrige e a palavra esclarecedora da verdade que orienta. A atitude de Celina naquela noite gerou reações que perduraram por muitos anos. E, se voltarmos um pouco mais no passado, a encontraremos viúva e com dois filhos, como camponesa nos campos frios da Europa, sendo despojada de seus bens para a quitação de impostos sobre a utilização das terras cujos direitos de posse estavam com Clarita. Já naquele tempo faltou para as duas a fé e o respeito a Deus na execução do "Amar ao próximo como a si mesmo".

Matias, que conhecia bem a história, deu prosseguimento ao meu comentário:

– Quase meio século foi preciso, depois de intensa preparação, para conseguirmos essa aproximação. Além da troca de dardos mentais envenenados pelo ódio, houve muitas agressões à pessoa e vilipêndio de bens e valores materiais entre as duas. Clarita descobriu a Deus primeiro e Celina seguiu-lhe os passos, e ainda nesta existência se dedica a esses compromissos!

– É a colheita da fé, Matias! Quando vejo todas aquelas almas ainda como as pequenas flores que compõem nosso jardim, anseio por facultar-lhes o aprendizado edificante. A importância e a relevância da orientação religiosa à criança e ao jovem no meio espírita é a luz do esclarecimento para muitos lares do amanhã! Cabe aos dirigentes, mestres e orientadores levar a mensagem de amor de que precisam os jovens, despertando neles os valores adquiridos por seu espírito milenar em sua jornada de aprendizado. Como o diamante valioso e adormecido sob a proteção da terra ou como a pérola nas profundezas do oceano, permanece o espírito encarnado à espera de que seja descoberto e tenha seu valor reconhecido – daí a importância dos grupos infanto-juvenis nas casas espíritas, descobrindo e cooperando para que espíritos milenares, ainda na utilização de corpos jovens, voltem-se à prática do amor exemplificado pelo Cristo. Estes são as flores, e as casas espíritas, o nosso jardim, onde por meio de seus departamentos especializados cultivam o esclarecimento que lhes dá, no amanhã, a certeza de realização no cultivo do amor cristão.

Continuamos nossa troca de idéias, agora beneficiados com a companhia dos demais irmãos de nosso plano que se juntaram a nós na tarefa de assistir ao lar de Celina. Pequenas rajadas de vento e uma chuva fina acompanhavam o amanhecer. Mesmo que houvesse disponibilidade, nossa amiga não iria à aula naquela manhã, pois já se aproximava das oito horas e todos ainda dormiam vencidos pelo cansaço e marcados pelos acontecimentos da noite anterior. Enquanto isso, longe de saber dos acontecimentos que se desenrolaram depois que se retirou da casa de Celina, dona Lucélia aguardava impaciente:

– Ela ainda é muito criança! Até agora não se levantou e com um problema desse tamanho para resolver. Ficamos de procurar as autoridades agora cedo e ela ainda está dormindo! Ainda bem que me levantei cedo, a tempo de comprar dois litros de leite com o leiteiro. Não sei como aquela criança ainda não está chorando de fome!

Matias, que a observava, endereçou-lhe pensamentos fraternos, e dona Lucélia, esfregando as mãos, afastou-se da janela e comentou:

– Que calafrio estranho, acho que vou pegar uma gripe! Onde estou com a cabeça para ficar aqui julgando a pobre da menina? Isto é levantar "falso" contra as pessoas! Deus me perdoe pela impaciência e pelo julgamento precipitado. Enquanto ela não se levanta vou aproveitar para fazer minhas orações, que ainda não fiz; quem sabe esta chuva melhora e aí eu vou até lá.

Na casa de Celina, só o menino estava acordado, entretido a brincar com o prendedor de cabelos que ela usava ao deitar-se, esquecendo-se de tirá-lo. Alguns amigos do nosso plano, que vieram visitar o lar de Celina por serem sabedores dos acontecimentos e que no passado participaram de forma direta ou indireta da caminhada de nossas irmãs, estavam reunidos com Matias. Quando me aproximei, e após os cumprimentos, ouvi de nosso irmão:

– Hoje nossas irmãs darão o segundo passo para a reconstrução do que foi destruído no ontem, e todos nós esperamos ansiosos poder prestar nossa colaboração. Todos demos nossa cota de colaboração para que a oportunidade do momento nos permitisse a alegria de que somos participantes. Mas isso é apenas o começo de uma longa caminhada e tenho certeza de que muito ainda teremos a realizar, auxiliando as duas nos compromissos à frente! Façamos nossa prece em agradecimento pela noite que se foi e pelo dia que se inicia e ninguém mais indicado para nos liderar neste momento sublime do que nossa irmã Nina, como tem nos liderado no aprendizado dos últimos anos.

– Senhor Jesus, lance seu olhar de misericórdia e amor sobre a tenra flor de nosso jardim, nossa querida Celina, e estenda sua proteção à querida Clarita e aos dois pequeninos. Fortaleça-nos nas tarefas de fornecer-lhes os nutrientes necessários para que as sementes de Seu amor, lançadas ao solo fértil do coração deles, vençam a clausura que lhes foi imposta e consigam emergir como as primeiras formações desse novo jardim de esperança, luz e esclarecimento, em seu nome e de Deus, nosso Pai.

capítulo nove

Novas responsabilidades

Celina abriu os olhos calmamente e, enquanto verificava se tudo não fora apenas um sonho, teve sua atenção voltada para o pequeno Tadeu ao seu lado!

– Não foi sonho, não! Aí está ele! E quanto à mãe e à outra criança? Será que sonhei?

Celina levantou-se e dirigiu-se ao quarto que fora de Carmela e entre as frestas da porta entreaberta, constatou a realidade dos fatos: abraçada à filha, Clarita também dormia. Celina, permitindo-se uma reação de espanto, recostou-se na parede enquanto levava as mãos aos lábios.

– Meu Deus. Tudo aconteceu mesmo! Mãezinha, ajude-me a resolver esta situação! Senhor Jesus, faça com que os bons espíritos me ajudem! Preciso conversar com alguém para que me oriente. Se ao menos dona Lourdes lá do grupo jovem estivesse por aqui! Melhor mesmo seria poder contar com minha mãe.

Matias, que a esse tempo já envolvia nossa querida amiga com suas vibrações, fez-se ouvido:

"Em momentos de decisão, convém deixarmos de lado expressões como 'se, talvez, quem sabe' e agirmos com convicção na solução de nossos compromissos. Ninguém nunca está só, Celina, principalmente aquele que abre as portas de seu coração, oferecendo abrigo e carinho aos que estão ao relento".

– É a voz de meu amigo jardineiro. Mas é muita responsabilidade para mim que agora estou sozinha!

"Celina, querida irmã, acabei de lhe afirmar que ninguém está só! Mesmo que não nos veja, somos os anjos guardiões a velar por seus passos. Minha amiga manda lhe dizer que o menino está com fome. Por que você não lhe prepara alguma coisa?"

– Oh, meu Deus! Esqueci-me da criança.

Celina correu até ao quarto e abraçada a Tadeu dirigiu-se à cozinha onde o fogo aceso por dona Lucélia estava quase apagado. Deixando a criança no chão, passou a preocupar-se com o fogão, alimentando-o com mais combustível; porém sua pouca experiência na lida fez com que grande quantidade de fumaça tomasse todo o ambiente. Abriu as janelas e a porta para tentar solucionar o problema, o que foi o suficiente para que dona Lucélia visse e fosse bater à porta:

– Bom dia, Celina! Vi a fumaça e presumi que você estava com dificuldades para lidar com o fogão!

– Estou sim! Estou tentando aumentar o fogo para esquentar comida para o neném!

– Bem, comida para ele eu já fiz! Esperei o leiteiro, que passa em torno das seis horas, e comprei dois litros de leite.

Fiz um mingau de trigo torrado, que acho que o neném vai gostar! Aqui está.

Celina pegou a vasilha com o mingau e convidou dona Lucélia a entrar. Já na cozinha, dona Lucélia controlava a saída de fumaça pela chaminé, enquanto Celina, com o menino no colo, tinha dificuldade em colocar o mingau na mamadeira, o que levou a amiga a ajudá-la, enquanto questionava:

– Onde você arrumou essa mamadeira, Celina?

– Dona Lucélia, a senhora não sabe o que aconteceu depois que saiu daqui ontem!

Enquanto alimentava o pequeno Tadeu, a amiga ouviu de Celina um resumo dos fatos que marcaram a noite!

– Estou sem palavras, Celina. Acho que você está precisando rezar mais, minha filha!

– Nunca deixei de rezar, dona Lucélia! E, além do mais, o jardineiro me falou que nunca estamos sozinhos, e até me deu alguns conselhos!

– Jardineiro?! Que jardineiro, minha filha? Não me diga que você deu abrigo também a um homem?

– Não, dona Lucélia, o jardineiro é um amigo espiritual!

– Não sei do que você está falando, mas só pode ser coisa de criança. Onde está a mãe do menino com o neném?

– Ela está dormindo no quarto de mamãe!

– E o que você pensa em fazer agora, Celina?

– Não sei, dona Lucélia. Vou esperar que Deus me encaminhe uma resposta!

– Este menino está todo molhado, Celina. Por que você não o troca?

– Não tenho fralda, e mesmo que as tivesse eu não saberia, nunca tive irmãos menores!

– Vamos até seu quarto e verei o que posso fazer. Reconheço que o dia está propício, mas a mãe dele dormindo até agora?!

– Vamos dar uma olhada, talvez a senhora consiga reconhecê-la!

Lucélia observou pela porta entreaberta e surpresa se expressou:

– É ela sim, é a mãe que esteve lá em casa ontem à tarde com os dois filhos! Ela ficou viúva há poucos dias. O nome dela é Clarita, mas o das crianças eu não me lembro. Vamos deixá-los dormir!

As duas se dirigiram para o quarto de Celina, e dona Lucélia improvisou a vestimenta para o menino que, agasalhado, brincava pelo chão.

– Viu, Celina, criança alimentada não dá trabalho! – exclamou orgulhosa de seu feito.

Alguns sussurros vindos do quarto ao lado fizeram com que as duas se dirigissem para lá e deparassem com Clarita a se debater no leito de forma desordenada. Celina apressou-se em amparar o neném em seus braços, enquanto dona Lucélia tentava conter a mãe.

– Deus do céu! Ela está ardendo em febre, Celina!

– Como a senhora sabe?

– Olhe como está quente e com o rosto vermelho! Ela está fora de si! Acho que é convulsão.

– O que vamos fazer?

– Dinheiro para chamar o médico nós não temos, o jeito é cuidar dela aqui em casa mesmo!

Matias falou ao ouvido de Celina, que, sem responder à amiga, buscou rapidamente papel e lápis escrevendo o que ele lhe ditou.

– Ajude-me aqui, menina, em vez de ficar aí brincando! Precisamos agasalhá-la mais.

– Não estava brincando, não, dona Lucélia! Aquele amigo, o jardineiro, mandou que eu fosse até a farmácia e comprasse estes remédios. Ele disse que é barato!

Dona Lucélia parou o que estava fazendo e voltando-se para Celina falou:

– Deixe-me ver isso!

Com as anotações de Celina nas mãos, prosseguiu:

– Quem lhe ensinou isso?

– Já lhe disse, foi um espírito amigo.

– Eu conheço alguns desses remédios. Você tem dinheiro para comprá-los?

– Ainda tenho um pouco.

– Então vá logo que eu fico aqui tomando conta de tudo.

Celina saiu utilizando um abrigo improvisado contra a chuva, enquanto Matias, assistido por duas irmãs do nosso plano, esmerava-se no atendimento a Clarita.

capítulo dez

Celina e Clarita

Em pouco tempo, Celina estava de volta e, com a voz entrecortada pelo pranto, falou para a vizinha:

– Eles não quiseram me vender o remédio, não! Disseram que só com a receita do médico.

– Eles nunca foram tão exigentes assim!

– Disseram que só vendem para adultos. A senhora poderia ir até lá, eu fico aqui!

Em pouco tempo Clarita recebia as primeiras doses da fórmula sugerida por Matias e os sinais de melhora não se fizeram esperar.

– Não posso ficar mais, minha filha! – falou dona Lucélia preocupada com seus afazeres. – Ela agora está bem. Não sei se o remédio é muito bom ou se o mal era coisa bem simples, mas o importante é que ela melhorou bastante! O nenenzinho está bastante inquieto, deve estar com fome! Vamos lhe dar um pouco de mingau, pois a mãe não tem condições de amamentá-lo agora, não!

Enquanto Celina cuidava de preparar a mamadeira, dona Lucélia, que trocava as roupas da criança por outras improvisadas, foi até a cozinha e com um largo sorriso dirigiu-se à Celina:

– Você não sabe o que eu descobri! O nenenzinho é uma menina!

Celina permitiu um sorriso alegre enquanto duas lágrimas davam um brilho especial a seus olhos.

– Graças a Deus que ela está bem! A mãe a agasalhou bastante ontem à noite.

– Ela deve ter uns quatro meses, Celina, é uma gracinha! Ande mais rápido com essa mamadeira.

Depois de alimentar a criança e colocá-la para dormir, dona Lucélia, já à porta, quando se dispunha a se retirar, dirigiu-se a Celina:

– Como você vai fazer, minha filha?

– Como já lhe disse, dona Lucélia, vou esperar uma resposta de Deus! Quem sabe, depois que a mãe melhorar, ela resolve ir embora... Até lá preciso contar com sua ajuda assim como preciso de meu anjo guardião!

– Farei tudo o que estiver a meu alcance para ajudá-la, Celina, mas veja se não esquece de rezar! Já vou indo, volto na hora da outra dose do remédio, mas, qualquer problema, você pode me chamar.

Duas horas haviam se passado e Celina, enquanto cuidava de seus afazeres na cozinha, mantinha o pequeno Tadeu a brincar pelo chão, quando ouviu alguém a chamar:

– Dona, ô dona, tem alguém aí?

Celina sentiu um calafrio percorrer-lhe todo o corpo, enquanto pensava hesitante:

– Quem será meu Deus? Só falta ser mais alguém necessitado!

Ao cruzar a sala em direção à porta, Celina ouviu chamarem novamente e só então percebeu que o chamamento vinha do quarto onde Clarita estava e para lá se dirigiu. Clarita estava recostada na cama e sem conseguir disfarçar a timidez lhe dirigiu a palavra:

– Oi! Parece que passei mal ontem à noite, não consigo me lembrar como cheguei até aqui!

– Eu a ajudei a entrar.

– Ontem eu estava desesperada, hoje estou mais calma! Onde está sua mãe?

– Morreu!

– Como assim, menina?

– Minha mãe morreu há quinze dias, e eu vivo sozinha aqui!

– Mas e aquela senhora que me atendeu tão carinhosamente quando aqui estive?

– Você não esteve aqui, e sim na casa da vizinha ao lado!

Clarita, surpresa, conteve as palavras, enquanto reorganizava seus pensamentos, quando se lembrou do filho:

– Meu Deus! E o meu Tadeu? O que foi feito dele?

– Se você se refere ao menino que deixou aqui na varanda ontem, ele está bem. Está brincando lá na cozinha!

– Foi você que o recolheu, também?

– Passavam alguns minutos das nove da noite quando ele chorou e eu o recolhi.

– Foi um momento de desespero que me levou a agir dessa forma.

– Não estou questionando nada. Fiz o que tinha de ser feito e estou em paz com minha consciência!

– Hoje ainda nós vamos embora, assim que eu conseguir me levantar.

– Com sua licença, estou preparando alguma coisa para o almoço!

Visivelmente irritada, sem motivo aparente que justificasse, Celina se retirou e Clarita comentou baixinho, também incomodada:

– Que menina mais atrevida! Assim que conseguir ficar de pé, vou-me embora com as crianças. Se elas tiverem de morrer de frio e fome, que morram junto de mim. Não quero depender de favor dessa aí, não! Preciso melhorar logo e voltar para casa, se é que posso chamar aquilo de casa.

Celina, que captava as vibrações emitidas por Clarita, argumentou:

– Mal-agradecida que ela é, deixou o filho para morrer ao relento e agora fica se martirizando!

Matias olhou-me como se estivesse a interrogar-me e lhe respondi:

– As lembranças amargas não foram totalmente eliminadas pela ação do tempo e da dor no coração de nossas irmãs, mas ambas agora se permitiram o cultivo da fé e com um pequeno esforço conseguiremos desfazer os miasmas que insistem em se formar. Vamos, senhor jardineiro, ao trabalho com Jesus!

capítulo onze

A fé e o perdão

O semblante alegre de Matias transformou-se ainda mais ao ouvir minhas palavras e, aproximando-se de Celina, lembrou-lhe:

"Celina, minha querida amiga, o Cristo nos manda 'perdoar setenta vezes sete vezes'".

– Não sei por que o senhor está me falando isso. Não tenho mágoa de ninguém!

"Celina, minha filha, o passado detém a verdade sobre nossa vida. Você e Clarita tiveram seus dias de antagonismo, o que as situou na esfera de grandes devedoras. A bênção da fé que hoje trazem no coração é a fórmula medicamentosa que irá sanar as dificuldades naturais para que consigam perdoar-se."

– Eu não a conheço e não simpatizo com ela! Foi espontâneo, e eu não sei explicar!

"Mas devemos perdoar, Celina, mesmo quando não compreendemos o porquê! Clarita surge do passado como credora de seu carinho e perdão, da mesma forma que você para ela. O passado registra que, nos palcos desta batalha, ambas foram agressoras. A fé que hoje germina em seu coração foi adquirida pela dor e pelo sofrimento. Clarita passou também pelo mesmo processo. Não nos cabe julgar as atitudes de nosso próximo, tampouco nos situarmos na condição do carrasco na aplicação das penas. O perdão alimentado pelo amor cristão é fonte inesgotável de benefícios, aprendizado e evolução. Carmela, sua querida mãezinha, também trazia em seu coração lembranças amargas do ontem, mas mesmo assim a recebeu como filha querida! O momento nos pede amor, reconciliação e perdão!"

– Será, meu Deus, que agi tão errado assim?

"Qual de nós está isento de pecados, Celina? Vamos, minha filha, aproveite o momento e reconcilie-se com seu passado! O passo importante você já deu, amparando Clarita e os filhos. Agora é preciso praticar o amor, perdoando."

– Fica difícil compreender tudo o que você fala, meu amigo, mas se eu estiver agindo errado, ajude-me!

"Qual de nós pode desvendar os mistérios que impulsionaram Clarita a tomar as decisões que tomou? Seu coração de mãe, preocupado com os filhinhos queridos, buscou o caminho que considerou ser o mais acertado e pelo pouco que sabemos sobre suas lutas e dificuldades do momento, buscava ela, com essa atitude, o melhor para seus rebentos. Para compreendermos a atitude dela, precisamos nos situar em seu lugar e avaliar qual seria nossa decisão."

Nossa amiguinha, sensibilizada pelas palavras francas de Matias, procurou abrigo na prece e todos nós, que estávamos a seu lado, buscamos ampará-la com nossas vibrações. Olhando o pequeno Tadeu, que brincava despreocupado pelo chão, Celina interrogou a si mesma:

– Será que ele estaria assim, alegre e saudável, se a mãe não tivesse buscado ajuda na noite anterior? Oh, meu Deus, perdoe-me e permita que aquela mãe também o faça.

Celina voltou ao quarto onde Clarita estava e a encontrou em pranto silencioso. Ao notar sua presença procurou sem sucesso disfarçar. Amparada por Matias, Celina lhe dirigiu a palavra:

– Deve ser muito difícil sua situação, mas Deus sempre nos auxilia em momentos como este, bastando apenas que tenhamos fé. Você tem um lindo casal de filhos. Como é mesmo o nome da menina?

– Sheila.

– É um nome bonito. Tenho uma amiga, que não conheço pessoalmente, com esse nome.

– Como assim? Uma amiga que você não conhece? – perguntou Clarita, ao mesmo tempo que se permitia um discreto sorriso.

– É difícil de entender. Eu sei que ela existe e é minha amiga, mas eu nunca a vi.

– Que coisa mais difícil de compreender!

– Eu sou assim mesmo, converso até com as plantas. Minha mãe falava que é porque não tenho irmãos, porém ela sabia que não era nada disso.

Clarita, sentindo-se mais à vontade, só então percebeu que a jovem à sua frente poderia ser sua filha, pela pouca idade que apresentava.

– Você me disse que sua mãe morreu há poucos dias?

– Foi sim! Há quinze dias.

– E você não tem pai?

– Tive, mas ele também já morreu.

– Você está vivendo aqui sozinha?

– Tenho alguns amigos que ninguém vê, mas eles estão por aí.

– E não tem medo?

– Medo não, às vezes fico chateada, mas logo passa. Você deve estar com fome! Dona Lucélia acendeu o fogão a lenha para mim e nele a comida fica pronta bem rápido.

– Não se preocupe comigo, você já fez muito por mim e meus filhos!

– Desculpe-me não oferecer um café, mas além de não saber fazer não tenho pó. Pão, biscoito e bolo também não sei fazer, por isso não tenho!

Clarita olhou para nossa "flor" com carinho e comentou:

– Vamos até a cozinha que eu a ajudo com a comida. Você tem fubá?

– Tenho sim!

– Então vou lhe ensinar a fazer um biscoito delicioso, você pode fazê-lo doce ou salgado. Meu Tadeu adora!

– Você consegue ficar em pé?

– Não tenho mais febre, só uma leve dor de cabeça. Ajude-me a ficar em pé e vamos lá para perto do fogão, hoje está muito frio! Como é mesmo seu nome?

– Celina, e o seu é Clarita mesmo?

– É sim, é Clarita mesmo! Mas me diga como se chamava sua mãe.

– Carmela.

– Então vocês não são daqui?

– Como a senhora sabe?

– Vamos para perto do fogão que lá eu lhe conto. Você não acha que o Tadeuzinho está muito quieto?

Matias, com lágrimas nos olhos, fitou-me e aos amigos presentes, afirmando:

– Somente a fé, que estimula o amor, que alimenta o perdão, pode nos proporcionar a paz tal qual a que testemunhamos em momentos como este.

capítulo doze

Quem pode atirar a primeira pedra

Ao chegarem à cozinha, Clarita correu a abraçar o filho e enquanto o afagava carinhosamente comentou:

– Você já falou "muito obrigado" para a moça? Ela tirou você do frio, agasalhou-o e lhe deu mamadeira. Vamos, Tadeu, fale com ela: "Deus lhe pague, Celina!".

Nossa "flor" não se conteve e naquele momento em que o passado lhe acenava com recordações, algumas lágrimas banharam-lhe a face, e, com a voz embargada pela emoção, comentou:

– Parece que conheço você e as crianças há muito tempo, Clarita!

– Estranho, mas eu sinto a mesma coisa.

– Você conheceu a minha mãe?

– Sim, por isso afirmei que vocês não eram daqui! Nós também viemos lá de Campos, onde sua mãe me ajudava muito arranjando-me freguesas para que eu lavasse roupas... De vocês mesmo ela nunca me permitiu lavar. Dizia que enquanto ela contasse com tempo disponível e saúde tinha de valorizar as mãos que Deus lhe emprestara! Algumas vezes, contra a vontade de meu marido, ela conseguia mantimentos para mim lá no centro espírita que freqüentava. Dizia que era um presente dos "Caminheiros"! Eu nunca entendi o que ela queria me dizer, mas feliz levava os donativos para casa, mesmo estando consciente de que iria sofrer com a desaprovação de meu marido.

– Eu conheço os "Caminheiros". São pessoas que exercitam a fé nos "caminhos da redenção"! Pouco antes de nos mudarmos, eles estiveram lá em casa e fizeram uma reunião de despedida. Então você conheceu minha mãe mesmo!

– Conheci sim, Celina, e devo-lhe muitos favores. Onde você tem ovos?

– Ali. Reze por ela, e tenho certeza de que ela ficará muito feliz!

– Nunca deixei de fazer isso, Celina.

– Você me desculpe pela pergunta, Clarita, mas o que a levou a tomar as decisões que a conduziram às atitudes de ontem?

Clarita parou de mexer a massa do biscoito, abaixou a cabeça envergonhada, e com esforço respondeu:

– Acho que foi o desespero. Tadeu chorava de fome, eu estava com fome, o frio estava horrível lá onde eu moro, a solidão pela morte de meu marido, a ausência de amigos, como sua mãe, nesta terra estranha... A falta de perspectiva para o amanhã, minha fé vacilante, o temor, o frio, a fome, a solidão e o amor aos meus filhos! Isso foi o que me levou a esse gesto desesperado. Mas rapidamente me arrependi. Foi quando retornei para buscar Tadeu.

As duas se calaram e podia-se ouvir apenas a criança que brincava. Depois de alguns minutos, Clarita falou:

– Assim que parar de chover vou voltar para o meu canto com as crianças.

E Celina não se fez esperar para contestá-la:

– Mas você ainda não se recuperou totalmente! Por que não fica aqui comigo por mais uns dias, até você se recuperar totalmente? Depois você volta para casa!

– Obrigada, Celina, mas não posso e não devo lhe trazer mais preocupações depois de tudo o que sua mãe já fez por mim.

– Fique, Clarita, só mais uns dias! Nós vamos até sua casa e buscamos roupas para você e as crianças. Amanhã tenho de ir à escola, e você tem de arranjar roupa para a Sheila.

– Não entendi, Celina.

– Ela está enrolada em minha saia de uniforme.

Clarita, agora mais à vontade, respondeu sorrindo:

– Deve ter ficado muito grande para ela!

As duas sorriram, e o encanto do momento só foi quebrado pelo barulho de alguém que chamava à porta. Ao abri-la, Celina deparou com dona Lucélia, que trazia às mãos uma panela fumegante:

– Ajude-me aqui, Celina, está muito quente!

– O que é isto, dona Lucélia?

– É uma sopa muito gostosa que fiz para você e suas visitas. Deixe-me entrar que aqui fora está muito frio!

Chegando à cozinha, dona Lucélia encontrou Clarita sentada ao lado do fogão, e Celina comentou:

– Veja só, dona Lucélia, ela tomou só uma dose do remédio e já está aqui na cozinha!

– Graças a Deus, Celina. Bom dia, minha senhora!

– Bom dia, dona Lucélia.

– Você estar de pé nos deixa alegres, mas isso não nos dá certeza de cura. Em tempos de frio é preciso tomar muito cuidado!

– A cabeça ainda dói, mas a febre baixou!

– Aprendi que a febre é apenas a conseqüência, é preciso identificar o mal.

Celina, que ouvia atentamente, resolveu opinar:

– Ela está bem, dona Lucélia! Acho que a senhora está sendo pessimista demais!

– Não é isso, minha filha, mas rezo para que você tenha razão. De qualquer forma, vocês se previnam e aproveitem esta sopa que fiz. Até o pequeno Tadeu pode tomá-la!

Mesa arrumada, todos passaram a se beneficiar da refeição ofertada com carinho por dona Lucélia, inclusive o pequeno Tadeu. Celina, voltando-se para a vizinha, comentou:

– Convidei Clarita para ficar uns dias aqui comigo até ela se recuperar. Nós iremos até a casa dela e buscaremos algumas roupas para ela e as crianças. Estou morando sozinha, mesmo! O que a senhora acha, dona Lucélia?

Matias, sendo um bom conhecedor dos sentimentos humanos, previu a reação de dona Lucélia e antes que esta se pronunciasse, falou ao seu coração:

"Quem pode atirar a primeira pedra? Todos nós cometemos nossos erros e o julgamento precipitado nos leva a emitir opiniões que julgamos acertadas, muito embora não tenhamos quase ou nenhum conhecimento de causa. Cristo pediu por seus agressores ao Pai, em seus últimos momentos, afirmando: 'Pai, perdoa-lhes, eles não sabem o que fazem'. Quando não conhecemos o ontem, é melhor não nos arvorarmos em juízes do hoje."

Nossa irmã, de olhos perdidos, "ouvia" atentamente as palavras de Matias e, quando interpelada novamente por Celina, respondeu:

– Qual de nós pode julgar as atitudes do nosso próximo se não lhes conhecemos as causas, somente os efeitos? Considero seu gesto uma atitude cristã, mas deixe claro que você está sozinha e vivendo daquilo que sua mãe lhe deixou armazenado. É preciso que Clarita saiba que em poucos dias você também estará passando por dificuldades.

Como dona Lucélia fez uma pausa, Clarita comentou:

– Acho melhor eu voltar com as crianças para o meu canto ainda hoje!

– Por que passar dificuldades lá sozinha com as crianças? Vamos passar juntas aqui em casa, duas cabeças pensam melhor do que uma!

Clarita permaneceu calada e dona Lucélia, ainda sob a influência de Matias, opinou mais uma vez:

– Por outro lado, vocês duas passam por problemas semelhantes e estão sozinhas! Vá até sua casa, Clarita, enquanto você está passando bem e pegue roupas para você e as crianças. A presença de vocês aqui vai fazer muito bem para Celina!

– Se eu decidir ficar, pode estar certa de que vai fazer muito bem também para mim e as crianças.

Com dificuldade para conter o entusiasmo, Celina interveio decidida:

– Assim que acabarmos de almoçar, vamos até sua casa buscar o necessário. Dona Lucélia toma conta das crianças para nós, não toma, dona Lucélia?

– Claro, podem ir sossegadas.

capítulo treze

O lar de Clarita

Rapidamente, Celina terminou sua refeição e, agasalhada, saiu abraçada a Clarita, buscando aquecer-se. A chuva tinha dado uma trégua, embora o tempo continuasse fechado, impedindo a visão do céu azul por detrás das nuvens. O vento frio vindo do sul continuava a soprar insistentemente e a passos largos as duas cruzaram a cidade, evitando a orla do mar, onde por ausência de barreiras naturais o frio e a força do vento eram mais intensos. Assim, abraçadas, alcançaram a área carente da cidade e, enquanto caminhavam, Clarita desabafou com a amiga:

– Por favor, não repare no lugar onde moro com as crianças. É tudo muito simples e pobre!

– Por que essa preocupação, Clarita?

– Eu moro na favela.

– E o que tem isso, Clarita?

– Não é uma casa, é um barraco de dois cômodos feito de madeira e zinco.

– Mas é seu lar, não é mesmo?

Clarita não respondeu. Logo a rua deu lugar a uma pequena trilha entre a vegetação rasteira, e o chão coberto de areia molhada dificultava a caminhada. Um aglomerado de casas e barracos amontoados identificava o local onde Clarita morava. O vento frio assobiava nos telhados de zinco dos barracos de frente para o mar, sem nenhuma barreira que o impedisse. Uma pequena cerca separava a casa de Clarita das demais. A apenas alguns metros da residência simples, nossa irmã mais uma vez, voltando-se para a amiga, falou:

– Por favor, Celina, não repare, que é tudo muito simples.

Clarita abriu a porta e ofereceu a mão à amiga:

– Entre, fique à vontade. Vou fechar a porta. Aqui dentro faz frio, mas as paredes de madeira e zinco seguram um pouco o vento.

O chão de terra batida destacava-se contrastando com a areia da parte externa; alguns poucos móveis constituíam a mobília da casa. As roupas ficavam expostas como se estivessem secando ao sol dependuradas em um varal improvisado em um pedaço de corda. Clarita sentou-se na cama ainda em desalinho, conforme a deixara na noite anterior e comentou, voltando seu olhar para Celina, que ainda estava de pé:

– Se posso chamar assim, este é meu lar. Foi meu marido quem construiu quando foi orientado a procurar este local. Um amigo que trabalhava com ele no mesmo barco cedeu-lhe a madeira e o ajudou a construir. Ele também morreu quando o barco afundou! Quando você me deu sua merenda naquela manhã, já fazia três dias que estávamos dormindo ao relento com as crianças.

– Então a história do caminhão de mudança era mentira!

– Não, Celina. Mas não ficamos sabendo o que houve para ele não ter chegado aqui!

– Vamos ser rápidas, Clarita, antes que comece a chover novamente!

– Vamos sim, você tem certeza de que não vamos incomodar?

– Ora, Clarita, você e as crianças são os irmãos que nunca tive. Só espero que você tenha paciência comigo, pois como já lhe disse converso até com as plantas.

Clarita se permitiu um sorriso enquanto guardava em uma sacola alguns mantimentos, o que despertou a atenção de Celina.

– Para que você está juntando isso?

– Vou levar, pois se ficar aqui vai acabar estragando.

– Não precisa, Clarita, lá em casa ainda tem alguma coisa.

– Mas vai acabar, e estes eu ganhei lá no centro espírita. Eles fizeram minha ficha e me garantiram mais um pouco para o mês que vem; portanto, vou levar, sim! É só um pouco de arroz, feijão e fubá, o suficiente para uma refeição.

– Onde fica esse centro espírita?

– Lá perto da sua casa.

– Por que você está levando tão pouca roupa, Clarita?

Nossa irmã sorriu ao perceber a ingenuidade da amiga ao lhe fazer a pergunta e respondeu:

– Não estou levando pouca roupa, não! É tudo o que nós temos.

Celina calou-se, enquanto a amiga colocava as roupas sobre a cama e amarrava as pontas da colcha que a forrava, fazendo uma pequena trouxa.

– Acho que é só, Celina. Realmente é tudo o que temos e o que posso levar! Estão ficando a cama, a mesa, a bilha, três panelas, dois garfos e cinco colheres. É tão pouco que sei tudo de cor!

Celina, pensativa e sem conseguir conter as duas lágrimas que lhe aqueceram a face, comentou:

– Estou pensando na felicidade que vocês ficaram quando conseguiram sair do relento com as crianças e abrigaram-se aqui! Minha mãe dizia que quase sempre, somente pela dor e pelo sofrimento, é que aprendemos a valorizar tudo o que somos e o que nos foi emprestado por Deus para vivermos aqui na Terra.

– É tão difícil ter fé quando a gente está com fome, Celina! Mais difícil ainda quando vemos nossos filhos sofrerem do mesmo mal e não podemos fazer nada.

– Imagino, Clarita, mas é nesses momentos de dor e dificuldade que conseguimos nos aproximar mais de Deus, pois quando tudo está em paz em nossa vida, esquecemo-nos Dele.

– Você ainda é uma criança, Celina, mas às vezes fala coisas que só um adulto falaria.

– Não lhe disse que converso com as plantas?! Pois é, o jardineiro me ensina muita coisa e às vezes falo o que nem mesmo entendo, aí ele tem de me explicar tudo.

– Que jardineiro é esse, Celina? Não estou entendendo nada!

– É meu amigo que vive do outro lado da vida, Clarita! Não lhe falei que você vai precisar de paciência para viver comigo?

– Eu me acostumo, contanto que seu amigo não apareça para mim.

– Vamos fazer uma oração antes de irmos embora, Clarita?

A amiga, sem compreender o porquê, balançou a cabeça de forma afirmativa e Celina prosseguiu, já de olhos fechados:

"Senhor Jesus, pai de todos nós, abençoe nossa Clarita e seus filhos que receberam um novo teto como lar. Ajude-me a ser para eles a amiga, a irmã, e receber deles o perdão por poder oferecer tão pouco. Que possamos juntos ser o amparo e o abrigo a outros que não possuem o que o Senhor nos ofereceu como empréstimo nesta existência. Minha amiga Clarita manda agradecer e está devolvendo esta casa para que sirva de abrigo a outros que nada ou bem menos possuem. Obrigada, meu Deus, por eu não estar mais sozinha e pela resposta às minhas perguntas insistentes. Peço-lhe perdão pelos momentos de insegurança pelos quais passou minha fé no Senhor, e ofereço minhas mãos para que possa utilizá-las na Sua obra. Obrigada, Senhor, pela mãezinha que tive e pela nova família que ganhei."

As lágrimas não permitiram que Celina continuasse e permanecendo de olhos fechados continuou sua prece muda ao Mais Alto, enquanto se beneficiava das vibrações que contagiaram o ambiente naquele momento sublime. Clarita, ainda não habituada ao diálogo com Deus, aproximou-se de nossa "flor" e falou-lhe baixinho aos ouvidos:

– Você não vai rezar Ave-Maria ou Pai-Nosso?

Celina abriu os olhos vermelhos pelo pranto e, escondendo o sorriso, respondeu:

– Eu não! Você reza por nós.

Após fazer as duas orações que queria, Clarita voltou-se para a amiga e comentou:

– Não falei que tem horas que você parece uma pessoa bem mais velha? Estranhei você falar com Deus que eu estava agradecendo e devolvendo para ele a casa que ele me emprestou!

– Eu falei isso, Clarita?

– Falou sim, no momento que fazia sua oração.

– Deve ter sido o jardineiro.

Clarita arregalou os olhos e perguntou:

– O que será que ele quis dizer com isso?

– Não sei não, Clarita, mas acredito em tudo o que ele fala.

Algumas batidas na porta fizeram com que as duas se entreolhassem assustadas. Clarita, com a ajuda da fresta na porta, observou comentando em seguida:

– É um casal, eu não os conheço! Você acha que devemos atendê-los?

– É claro, não sabemos do que se trata.

Ajudada pela amiga, Clarita arrastou a porta com dificuldade, abrindo-a, e deparou com uma senhora já idosa, amparada em um senhor bem mais velho. Perguntou:

– Pois não! Posso ajudá-los em alguma coisa?

– Desculpe-nos o incômodo, minha senhora, mas estamos passando por dificuldades e meu marido está doente e desempregado. Será que a senhora nos daria acolhida por esta noite? Tem feito muito frio de madrugada.

Observei que as nuvens intensas não ofuscavam somente a visão do céu azul, mas também a luz do Sol, o que nos dava a idéia de ser quase noite. Mas, confiante de que além das nuvens o Sol brilhava iluminando o céu, abracei os dois amigos espirituais que conduziram o casal de idosos até onde todos estávamos, enquanto um deles falou:

– Desculpe-nos se interrompemos, querida irmã, mas a luz de suas preces nos guiou até aqui. Estamos em busca de abrigo para esses dois corações já no entardecer de suas existências e procuramos por Matias, um velho amigo e irmão, com o qual eles mantêm estreitos laços.

Desviei meu olhar para Matias, que estivera amparando Celina no momento de sua prece e, vendo as lágrimas que lhe molhavam a face, impossibilitando-o de responder, afirmei aos amigos que chegaram:

– Os irmãos vieram ao lugar certo, encontraram Matias, e as duas amigas acabaram de disponibilizar para Jesus esta morada.

Abraçamo-nos felizes, enquanto ouvíamos Celina dirigir-se ao casal:

– Vamos entrar, saiam do frio! A responsável pela casa é a nossa querida Clarita.

capítulo quatorze

A benevolência de Celina

Assim que o casal entrou, as duas amigas se uniram para fechar a porta que estava ainda sem as dobradiças, e Clarita falou aos dois:

– Podem se sentar aí mesmo na cama!

– Obrigada, minha filha. Meu nome é Antonieta e este é meu marido, Juliano! Nossa casa foi demolida, porque construímos, por ignorar mesmo, em terreno que tinha dono! Hoje é o terceiro dia que estamos sem um teto que nos abrigue... Juliano até adoeceu com o frio da madrugada! Está com muita tosse e chiadeira no peito. Se vocês não se importarem nós dormiremos ali naquele canto de chão.

Uma tosse intensa acometeu Juliano, que em poucos segundos prostrou-se sobre a cama, enquanto Antonieta carinhosamente lhe enxugava o suor frio do rosto, como único recurso para ajudá-lo. Com o semblante preocupado, Clarita sugeriu:

– Deixe-o deitado aí mesmo, assim ele descansa um pouco!

– Nós vamos dar trabalho para vocês duas.

Celina, após a troca de olhares com a amiga, buscando aprovação, falou:

– Não é incômodo, não! Na verdade, estamos de mudança, e a casa ia ficar vazia. Acabamos de rezar a Deus oferecendo-a para quem estivesse precisando, e vocês apareceram quase de imediato. A senhora e seu marido podem ficar à vontade, pois foi Deus quem os mandou até aqui.

– Deus lhe pague, minha filha. Viu, Juliano? Não falei que estava faltando fé em nossas orações?

Clarita observava a amiga que, sem consultá-la, tomava as decisões:

– E tem mais, dona Antonieta, estamos deixando a cama, a mesa, a bilha, três panelas, dois garfos e cinco colheres. Mais ainda o fogão que já está pronto, aquela lata com gordura e um pouco de feijão, arroz e fubá, que minha amiga ganhou lá no centro espírita.

Antonieta, tão surpresa quanto Clarita, apenas ouvia, enquanto Celina desfazia a sacola com os mantimentos.

– Você tem lenha aqui dentro de casa, Clarita?

– Tenho sim, Celina, debaixo do fogão.

– Então acenda o fogo. Está muito frio aqui para eles!

Rapidamente, o fogo aceso trouxe um pouco de calor à casa fria, e Celina, aproximando-se da amiga, ainda perplexa com tudo o que acontecia, falou baixinho:

– Clarita, o jardineiro disse para fazermos um emplastro e colocarmos no peito e nas costas do senhor Juliano. Você sabe fazer isso?

– Sei sim! Já fiz algumas vezes para Tadeuzinho.

– Então faça, pois o senhor Juliano está precisando.

Ela, que a tudo obedecia sem contestar, assustada e surpresa, iniciou os preparativos, enquanto a amiga Celina a observava curiosa:

– Parece que você está fazendo angu, Clarita!

– Mas o emplastro que eu conheço é um angu que nós embrulhamos em um pano.

– Eles devem estar famintos Aproveite para fazer uma comida também.

– O que eu faço primeiro, Celina, a comida ou o emplastro?

A irritação de Clarita não passou despercebida, e nossa "flor" comentou:

– Você já fez muito, minha amiga. Volte para casa que lá estão duas crianças que dependem de você, eu cuido de tudo aqui. Vou ficar até os dois melhorarem.

– E como você vai embora, Celina? Se começar a chover? Já é quase noite.

– Não se preocupe, minha amiga. Vou ficar aqui até a melhora deles! Dona Antonieta também está adoentada.

– Você ficou doida, Celina? Nós nem os conhecemos!

– Você acha que doentes, cansados e com fome do jeito que estão representam algum perigo?

– Hoje em dia é preciso tomar cuidado, Celina, existem muitas pessoas mal-intencionadas.

– Mas se eu não acreditasse em Deus e não tivesse os amigos que tenho eu não a teria recolhido ontem à noite, e são eles mesmos que estão aqui pedindo para que eu ajude o casal.

– Você é muito estranha, Celina! Provavelmente se eu estivesse em seu lugar não teria agido como você.

– Não diga bobagem, minha amiga. Deus nos vigia os passos e não nos deixa faltar ajuda quando precisamos. Principalmente quando estamos agindo em nome Dele e aplicando tudo o que Ele nos ensinou. Acho melhor você terminar logo esse emplastro e ir embora. Sheila já deve estar com fome.

– Deve estar, sim! Estou sentindo isso em meu peito.

Enquanto Clarita aplicava o medicamento, Celina desfez a trouxa de roupa feita pela amiga, que a olhava assustada, e justificou-se:

– Você não precisa levar a colcha, graças a Deus lá em casa tem mais cobertores.

Depois de aplicar a medicação no senhor Juliano, quando já se preparava para retirar-se, Clarita insistiu mais uma vez com a amiga:

– Você vai ficar aqui mesmo?

– Vou sim! Até os dois melhorarem, o que deve demorar de dois a três dias.

– Como você pode afirmar isso?

– Meu amigo me falou que o mal maior deles é fraqueza e idade avançada. Se forem bem alimentados, logo se recuperam!

– Meu Deus do céu! Sua mãe deve ter passado momentos difíceis com você e suas idéias malucas!

– Existem atitudes que são incompreensíveis apenas para aqueles que não estão envolvidos diretamente. Quem me visse na chuva arrastando você para dentro de minha casa, àquela hora, certamente iria me tachar de louca, mas nós duas sabíamos da realidade do momento. Quem muito se preocupa com a opinião alheia, encontra dificuldades em executar seu dever atendendo aos imperativos de seu coração.

– Quando você fala, Celina, sempre me convence. Esse seu amigo deve ser muito inteligente!

– Vá, Clarita, fique à vontade, e cuide bem das crianças. Meu amigo ficará aqui comigo! Explique tudo para dona Lucélia. Como ela não tem filhos morando com ela, preocupa-se muito comigo!

Clarita não se fez esperar, reuniu as poucas roupas e antes de se despedir, emocionada, da amiga, falou-lhe:

– É muito difícil de entender, Celina. Você saiu do conforto de sua casa para ficar aqui, onde eu estava sofrendo com meus filhos, e eu ocupo seu lugar lá!

– Não há nada confuso, minha amiga! Você cedeu sua casa ao casal de idosos e eu ofereci minhas mãos! E assim cada um faz a sua parte, oferecendo o que possui. O jardineiro me falou que existe um ensinamento de Jesus, que diz: "Seja o que for que peçais na prece, crede que obtereis, e vos será concedido". Não foi isso que pedimos ainda há pouco em nossa prece? Alguém que precise da sua casa e também do trabalho de minhas mãos?!

– É a verdade, minha amiga.

– Vá com Deus, Clarita, vou aproveitar que o angu está pronto e vou fazer o restante da comida.

Clarita, após muito insistir, fez com que a amiga aceitasse mais um agasalho e seguiu rápida por entre as trilhas, enquanto Celina, à porta da casa, olhava para o céu encoberto na esperança de ver as primeiras estrelas que comporiam a noite que chegava e desabafou afirmando:

– Eu não os vejo, mas sei que estão aí, olhando para nosso amigo Sol e para o lindo céu. Sei que vocês, meus amigos, estão a meu lado e que minha mãezinha está feliz, bem como tenho certeza de que Deus existe mesmo.

capítulo quinze

Vibrações fraternas

Fechando a porta, falou entre sorrisos:

– Então avozinha, está mais aquecida agora?

– Estou sim, minha filha. Só não estou entendendo por que sua amiga foi embora! Pela conversa de vocês entendi que ela tem outra casa, não é mesmo?

– É sim! E tem também duas crianças lindas!

– Ela parece ser uma pessoa de bom coração.

– E é! Ela é dona de um grande coração.

– Onde está sua mãe, Celina?

– Morreu para a Terra.

– Você vive sozinha?

– Vivo sim!

– Para uma menina da sua idade deve ser muito difícil!

– Já foi, hoje não é mais!

– Posso ajudá-la a fazer a comida?

Celina sorriu e ajudou Antonieta a levantar-se, conduzindo-a para perto do fogão onde ela, espontaneamente, assumiu a direção dos afazeres. Em nosso plano, os dois companheiros que chegaram conduzindo o casal agora se despediam de Matias:

– Se não fosse por suas preces, certamente teríamos dificuldades em encontrá-los.

– Mas conseguiriam. Aceitem meus agradecimentos pela ajuda prestada e só me resta continuar rogando a Jesus para que os ampare nas tarefas a que se dedicam.

– Não é preciso agradecer, Matias, sabemos da grandeza de sentimentos que o une ao casal, e a amizade reconhecida pelo tempo nos coloca na condição de eternos devedores para com você!

– O amor que ensaia seus primeiros passos em nosso coração, forjado em têmpera de erros e aprendizado, através dos horizontes já vividos, une-nos como amigos e irmãos e, como tal, torna-nos devedores em causa mútua. Que Jesus os abençoe, queridos irmãos.

Vibrações fraternas marcaram aquele momento de despedida, e o carinho filial demonstrado por Matias ao casal de idosos não poderia passar despercebido a nenhum de nós que ali estávamos e ouvimos de nosso amigo:

– Celina tem executado bem sua parte, e isso nos estimula na tarefa de ajudá-la.

Pesquisando em minhas lembranças um passado não muito distante, senti-me na obrigação de falar:

– Nem sempre é assim. Muitos ignoram a presença amiga de seus protetores e fogem de seus conselhos e gestos de carinho.

Somente a dor, quando não se voltam ao estudo e à reforma de conceitos já ultrapassados pela evolução dos séculos, aproxima-os de Deus novamente, e só então ficam mais receptivos às verdades eternas, expressas nas atitudes daqueles que os amam e buscam incessantemente ampará-los.

– Também já agi assim, querida irmã! Revoltei-me muito quando aqui cheguei e, se não fosse a intervenção carinhosa e paciente de corações como o seu, certamente encontraria dificuldades em me reconciliar com Deus, e assim estaria até o momento atual.

Senti-me constrangida com a afirmação de Matias, pelo muito que ainda me separa do título de ser verdadeiramente cristã e, evitando novas situações constrangedoras, convidei nosso irmão para nos atermos ao diálogo entre Celina e dona Antonieta:

– Vocês são daqui mesmo, avozinha?

– Não somos, não, minha filha, mas vivemos aqui há tanto tempo que nos consideramos parte do lugar!

– Vocês não têm filhos?

–Celina, foi há muitos anos que nosso menino partiu e não temos notícias dele, por isso não sabemos.

– Mas faz tanto tempo assim?

– Uns vinte anos. É muito tempo para um coração de mãe, não é?

– Acredito que sim! Para o coração de um filho eu tenho certeza, pois ainda não faz vinte dias que minha mãe se foi e tenho uma enorme dificuldade em conter a saudade.

Dona Antonieta, percebendo a dor de Celina e, agradecida pelo carinho recebido de nossa querida "flor", desviou a conversa:

– Parece que a conheço de algum lugar, seus traços não me são totalmente estranhos! Você me lembra alguém.

– Espero que seja algum afeto de seu coração, dona Antonieta!

– Tenho certeza disso, menina, tenho certeza. Vamos ter de nos revezar no uso da cama, vai ser uma noite muita fria! Graças a Deus estamos hoje sob um teto!

Celina não concordou com a sugestão de dona Antonieta e se acomodou junto dos dois na cama, após se beneficiarem da refeição feita carinhosamente. O calor do fogão, alimentado com combustível durante toda a noite por dona Antonieta, proporcionou a todos um ambiente mais confortável. Pela manhã, bem cedo, Celina já se movimentava, o que despertou dona Antonieta:

– O que você está fazendo tão cedo de pé, menina?

– Vou fazer um biscoito delicioso que minha amiga Clarita me ensinou, pode ser feito doce ou salgado, mas não temos café ou chá para acompanhar! O senhor Juliano melhorou?

– Tossiu poucas vezes à noite. Melhorou sim! Graças a Deus que a encontramos!

– Deus escuta sempre nossas preces, dona Antonieta, Ele é um pai zeloso.

– É sim, minha filha. Se você fizer o favor de me trazer aquela sacola ali, eu lhe mostro uma surpresa! Isso se eu não estiver enganada.

– O que é, avozinha? Conte logo.

– Calma, minha filha. Deixe-me confirmar primeiro. Aqui estão! Açúcar e chá!

Encontrar os alimentos foi motivo de riso alegre, e um afetuoso abraço entre as duas marcou a manhã daquele que seria mais um dia de aprendizado para todos nós. Na tarde daquele mesmo dia, logo após o almoço, as batidas na porta alegraram o coração de Celina com a visita inesperada de dona Lucélia.

– Meu Deus! O que a senhora veio fazer aqui, dona Lucélia?

– Ver o que você estava fazendo, menina! Não sou sua mãe, mas tenho o coração preso a você!

Celina abraçou a amiga e falou-lhe:

– Desculpe-me se lhe causo preocupações, mas acredito que se a senhora estivesse no meu lugar agiria da mesma forma!

– Não sei, não!

Mas logo dona Lucélia cedeu ao olhar inocente de Celina.

– Bem, para ser franca, se eu tivesse sua idade e tudo tivesse acontecido comigo como aconteceu com você, acho que teria mesmo!

Sem conseguir disfarçar a felicidade em encontrar a vizinha, nossa "flor" conduziu-a até o casal amigo e fez as apresentações:

– Esta é minha avozinha Antonieta, e este meu avozinho Juliano, de quem meu amigo jardineiro está tratando com o carinho de um filho para com o pai. Esta é minha segunda mãezinha.

Dona Lucélia se acomodou, sentando-se na cama ao lado de dona Antonieta, enquanto Celina se acomodou na parte frontal do fogão, utilizada como mesa de apoio, e a vizinha ao notar que todos estavam à vontade comentou:

– Esta casa é muito pequena e oferece poucos recursos para três pessoas. Você não acha que sua casa poderia acolhê-los melhor, Celina?

– Realmente, dona Lucélia! Eu não havia pensado nisso. Nós temos dois quartos, mais sala e cozinha, varanda e quintal, e ainda tenho a senhora por perto! Obrigada, minha amiga, acho que ainda sou muito criança, mesmo. Às vezes me esqueço de tantas coisas!

capítulo dezesseis

O ensinamento maior do Cristo

– Sobre o que vocês estão falando?

A pergunta de dona Antonieta deixou Celina com dificuldade para responder, e dona Lucélia o fez:

– Ela não deve ter lhes falado que não mora aqui, que está aqui somente para cuidar de vocês! Bem, mas isso é uma atitude normal de uma criança, não é mesmo? Estou sugerindo que ela volte para casa e leve vocês, já que a intenção dela é cuidar de vocês até que se recuperem.

– De quem é esta casa em que estamos?

– Essa é uma outra história, também. Coisa de criança, não é mesmo, Celina?

– Acho que não devemos nos preocupar com tantos detalhes, o importante é que vocês dois se recuperem. Vamos nos aprontar?

– E para onde você quer levar a mim e ao meu Juliano?

– Para minha casa, avozinha! Lá é mais confortável e nós não podemos ficar abusando assim do que Deus nos oferta! Eu tenho outra casa que comporta todos nós. Por que ficarmos usando duas?

Celina fez uma pausa para ouvir melhor Matias e depois prosseguiu:

– Meu amigo me falou que o "excedente em nossa vida é sempre o que falta na vida de alguém"! Vamos lá para casa sim! Vai ser melhor para vocês dois e também para nós, que já vivemos lá!

Ajudada por dona Lucélia, Antonieta reuniu os poucos apetrechos que trouxera e quando se preparava para guardar o chá e o açúcar, Celina interveio:

– Deixe aí, avozinha, talvez o próximo morador precise... a colcha também.

– Quem vai ser o próximo morador, Celina?

– Não sei ainda, dona Lucélia. Quem me falou sobre isso foi o jardineiro.

Enquanto os quatro se preparavam para sair, Matias se aproximou falando-me:

– Você já pode oferecer um teto ao casal que você conheceu, querida irmã!

A uns poucos metros da residência onde estávamos, um casal de jovens – ela esperando o primeiro filho – com dificuldade erguia uma morada após terem reunido alguns apetrechos para esse fim, o que me chamou a atenção, quando identifiquei ao lado deles fiel amigo e companheiro de atividades espíritas cristãs de quando ainda palmilhávamos nossa estrada de aprendizado na Terra. Foi ele para mim um orientador e amigo em momentos difíceis, quando muitas vezes a incompreensão humana sobressaía aos valores eternos do espírito, levando-me constantemente às lágrimas. Voltei-me para Matias, que aguardava minha resposta, e declarei:

– Meu querido irmão, aquele que você me viu abraçar ainda há pouco se chama Armando. É um velho amigo de horas difíceis e ficará grato se disponibilizarmos a moradia ao casal que ele ampara no momento. Portanto, rogo ao amigo que me ajude nesse mister!

Após me ouvir, Matias aproximou-se de Celina e sugeriu-lhe algo ao ouvido e ela prontamente falou às duas companheiras:

– Tudo o que estava na casa nós vamos deixar e, se a senhora tiver mais alguma coisa de que possa dispor, faça-o, avozinha, pois lá em casa não nos falta nada! Graças a Deus mamãe me deixou uma casa montada. Vou sair um pouco e volto já.

– Aonde você vai, Celina? Já estamos quase prontos.

– Vou até ali, dona Lucélia! Vou ver o mar e já volto.

Acompanhamos nossa querida "flor", que amparada por Matias se aproximou do casal e os cumprimentou:

– Boa tarde!

– Boa tarde! – responderam os dois surpresos.

– Meu nome é Celina, e moro ali naquele barraco. Vocês vão se mudar para cá?

– Já nos mudamos, desde ontem! Estamos tentando levantar umas paredes e um telhado para fugir da chuva e do frio.

– Como vocês se chamam?

– Meu nome é Olinda e o de meu marido José Francisco!

– É o primeiro filho de vocês?

– É sim, casamos há pouco tempo!

– Vocês parecem tão novos e já são casados?

– Eu tenho dezessete anos e José tem vinte e cinco, mas você também é muito nova!

– Eu tenho quinze.

– Mora com seus pais?

– Não, com amigos. Falta muito para vocês terminarem a construção?

– Ah, falta sim! Ainda não temos todo o material de que precisamos!

– E como vocês estão dormindo?

– Nós dormimos ali naquele cantinho. Mas vamos conseguir, se Deus quiser. Ainda faltam três meses para meu bebê nascer!

– Eu quero fazer uma proposta a vocês. Estão vendo aquele barraco ali? É onde eu moro.

Armando, emocionado e agradecido, abraçou-se a Matias, enquanto Celina convencia o jovem casal a mudar-se para a casa que fora de Clarita. Em poucos minutos, Celina chegou ao barraco acompanhada do casal e conduziu-os para dentro, falando perante o olhar assustado dos que ali estavam:

– Nós já estamos de saída e vocês podem se mudar de imediato. Vamos deixar uma cama, uma mesa, uma bilha, três panelas, dois garfos, cinco colheres, um pouco de arroz, feijão e fubá, tem também uma lata com banha, açúcar e chá! Tem comida pronta, que minha avozinha fez, e o fogo já está aceso. Falta consertar a porta e vedar algumas frestas, mas tenho certeza de que José fará de boa vontade.

A jovem Olinda abraçou-se a José em pranto emocionado e este estendeu a mão para Celina afirmando:

– Deus lhe pague, Celina. Ficaremos sempre em dívida com você!

–Não faço nada demais. Não vamos nos despedir porque vou voltar aqui muitas vezes para revê-los e quando você for ficar muitos dias no mar, José, Olinda pode ficar lá em casa.

– Celina, de onde você nos conhece?

– É uma longa história, Olinda, depois eu lhe conto! Agora, tenho de levar meus avós para casa antes que escureça, e eu nem os apresentei a vocês.

Três sacolas e uma mala eram toda a bagagem de Antonieta e Juliano, que Celina e Lucélia ajudavam a transportar. E já a poucos metros de casa, dona Lucélia, que ficou calada durante todo o trajeto, perguntou:

– De onde você conhece aqueles dois, Celina?

– Eu sabia que a senhora ia me fazer esta pergunta! Ainda bem que me deu tempo para pensar na resposta. Vou contar para a senhora toda a verdade: eu menti para eles!

– Como assim, Celina?

– Ora, dona Lucélia, a senhora acha que eles iriam aceitar minha ajuda se eu não falasse que já os conhecia? Hoje todos andam prevenidos, tem muita gente mal-intencionada por aí!

Dona Lucélia voltou o rosto para o outro lado até que conseguisse refrear o riso, e Celina, preocupada com amiga que não falou mais nada, continha-se a custo! Só depois de ter controlado sua reação, dona Lucélia falou:

– E eles acreditaram em tudo o que você falou, não é mesmo?

– Parece que sim, pois eles aceitaram minha oferta de ajuda! A senhora acha que é errado mentir em uma situação dessa?

– Não pensei no caso, ainda não! Mas o que você fez foi apenas coisa de criança e Deus certamente vai relevar, disso eu tenho certeza.

– Olha lá, avozinha, é Clarita e as crianças na porta de nossa casa! Lá tem um jardim que vocês podem cuidar para mim, e um fogão a lenha que não sei acender!

– Mas isso é coisa muito fácil, Celina, pode deixar por minha conta!

Fiquei parada observando os dois grupos em planos diferentes da vida. No céu, as nuvens abriram uma porta, afastando-se, e pude ver algumas estrelas que acordavam. Ouvi a voz amiga de meu coração afirmando: "Como as estrelas que embelezam o firmamento, outras vidas irão se unir a estas e formarão a constelação do amor, bastando apenas que mais algumas nuvens passageiras se afastem para que o ensinamento maior do Cristo, 'amar a Deus sobre todas a coisas e ao próximo como a nós mesmos', continue sendo posto em prática".

capítulo dezessete

Flores de fraternidade

Depois das apresentações, Celina acomodou os novos hóspedes com a ajuda de dona Lucélia. Sentadas confortavelmente perto do calor do fogão, as duas conversavam:

– Você reparou que avozinho Juliano não fala nada, dona Lucélia?

– Reparei sim, e estava para lhe perguntar sobre isso!

– Dona Antonieta me contou que há alguns anos ele teve uma séria infecção na garganta e desde então não conseguiu mais falar.

– Que coisa mais triste, Celina!

– É sim, dona Lucélia.

– Você já pensou como vai fazer para alimentar todo esse pessoal?

– Para lhe ser franca, ainda não!

– É um compromisso muito grande que você assumiu, menina!

– Eu acho que sei. Amanhã vou procurar um centro espírita que existe aqui por perto e vou pedir ajuda.

– Mas por que um centro espírita e não uma igreja?

– Eu não tenho nada contra o lugar de onde venha a ajuda, mas acontece que sou espírita, minha mãe também era, e o mais importante é conseguir recursos para cuidar deles.

– São cinco bocas a mais para alimentar, sem contar Olinda e José Francisco, que tenho certeza de que você não vai deixar de ajudar.

– A senhora é uma pessoa muito astuta, dona Lucélia, e de coração muito bom também. Descobriu logo minhas intenções! Mas, se a senhora estivesse no meu lugar, não faria a mesma coisa?

Dona Lucélia calou-se por instantes e, abraçando Celina, comentou:

– Faria sim, menina. Depois que a conheci, faria sim. Você é que tem um grande coração e não eu! Passei perto deles e nem me passou pela cabeça que eles poderiam estar precisando de ajuda, enquanto você foi só encontrá-los e lhes ofereceu a mão amiga.

– Mas foi meu amigo jardineiro quem me mandou ajudar os dois. Não tenho nenhum mérito nessa história!

– Seu amigo jardineiro, não é mesmo? E você acredita mesmo nessa história de espíritos que conversam com você?

– Acredito sim, dona Lucélia. Tenho até um recado de meu amigo para a senhora, que eu estava esperando o momento certo para transmitir!

– Para mim? Então me diga!

– Foi quando estávamos saindo lá do barraco. Ele me pediu para falar para a senhora que "Mário está por perto e não demora a voltar". Quem é Mário, dona Lucélia?

Nossa irmã empalideceu e, levando as mãos ao rosto, mal conseguiu conter o pranto de que foi acometida. Celina, sem nada compreender, abraçou-se à amiga e falou:

– O que foi? Eu disse alguma coisa errada?

– Não disse, não, minha filha.

– Então por que as lágrimas?

– São dores do passado. Lembranças de momentos tristes de um lar.

– A senhora quer me contar?

Dona Lucélia, constrangida, deu um longo suspiro e desabafou:

– Ainda não estou pronta para comentar detalhes. Meus filhos não saíram de casa como lhe falei! Ciro, o mais velho, morreu no mar, e o mais novo, Mário, desentendeu-se com o pai quando tinha quinze anos e este o expulsou de casa. Já faz sete anos que não tenho notícias dele! Meu marido arrependeu-se do que fez, mas Mário nunca mais voltou para lhe dar a chance de pedir perdão. Como é mesmo o recado que seu amigo jardineiro mandou?

"Que Mário está por perto e não demora a voltar".

– O que será que ele quis dizer, Celina?

– Ora, dona Lucélia! Ele disse que "Mário está por perto e não demora a voltar!".

– Acho melhor mudarmos de assunto, Celina, já sofri muito com essa expectativa e não quero alimentar sonhos.

– Está bem, minha amiga. A senhora viu como é novo o José Francisco, marido de Olinda?

– Muito novo e bonito também!

– Eu também achei. Ele é um moço muito bonito.

Dona Lucélia fixou o olhar em Celina e a repreendeu:

– Mas não se esqueça de que ele é casado!

– Por que a senhora está me dizendo isso?

Dona Lucélia, reconhecendo ter se deixado envolver por pensamentos menos felizes, falou:

– Nada não, minha filha, perdoe-me o julgamento precipitado. Quando você voltar lá, eu vou com você. Simpatizei muito com aquela moça e também com o neném, antes mesmo de ele nascer. Tenho algumas roupinhas de neném que estão guardadas há muito tempo e vou levar para ela!

Clarita entrou na cozinha e, acomodando-se perto das duas, comentou, dirigindo-se a Celina:

– Por que você não trouxe os mantimentos que estavam lá em casa? Eles poderiam ser úteis aqui!

– Não lhe contei ainda, minha amiga, mas deixei um casal tomando conta da casa. Espero que você não se importe! Eles não tinham onde ficar.

– Quem sou eu para discordar de você depois de tudo o que você fez por mim e meus filhos?!

– Obrigada, Clarita, mas tudo o que fiz tenho certeza de que você também faria se estivesse no meu lugar! E depois, Olinda está grávida de seis meses e ela é tão nova!

– Coitadinha, mas se pelo menos o marido continua junto dela, como você contou, as coisas ficam mais fáceis.

– Quando o bebê nascer, vamos trazê-los para cá! Não podemos deixar que fiquem naquele frio! É capaz de o neném morrer!

– Celina, Celina! Mesmo sendo grande, a casa tem seus limites. A moradia já está pronta, mas falta alimento para todos.

– Eu sei, dona Lucélia, mas tenho certeza de que ajuda não vai faltar! A senhora mesmo é uma pessoa que nunca vai deixar de ajudar.

– Eu sei, Celina! Você está certa em muita coisa que fala, mas boa vontade e preces não são suficientes para alimentar quem está com fome, e este é o maior problema que vamos enfrentar.

Dona Antonieta, que se unira ao grupo a tempo de ouvir o finalzinho da conversa, comentou:

– Acredito que vamos passar dificuldades, mas falta não! Somos três e ainda contamos com a solidariedade de dona Lucélia. Eu vou até a igreja mais próxima ver se consigo alguma ajuda, e se for preciso até os trago aqui para que possam ver com seus próprios olhos nossa dificuldade.

Clarita levantou-se e resoluta afirmou:

– Eu sempre lavei roupa para fora, não vai ser agora que vou me acomodar. Vou até o centro novamente, não vai nos faltar ajuda!

– Viu, dona Lucélia, nós vamos conseguir! Já estou até pensando em trazer Olinda de uma vez aqui para casa.

– Você não pode trazer os dois para morarem aqui no momento, ia ficar difícil abrigá-los!

– Eu sei, mas lá é muito frio, não é Clarita?

– É sim, Celina! É por causa do mar!

A conversação prosseguia e, enquanto traçavam planos, Celina em um gesto espontâneo procurou o colo de Antonieta, repousando nele a cabeça, enquanto recebia seu afago carinhoso.

Aproximei-me de Matias, que observava emocionado a cena, e comentei:

– Mesmo encoberto pelo véu do passado, os sentimentos, como sementes lançadas em solo fértil, não deixam de desabrochar, para compor como flores de fraternidade os jardins do amor que nos unem em elos de solidariedade fraterna.

– Sim, querida amiga e irmã, as duas não sabem dos laços do espírito e consangüíneos que as unem como neta e avó nesta existência. Minha mãe Antonieta e meu pai Juliano finalmente conseguiram abraçar a neta, e meu coração de pai, ainda preso às fortes emoções, acalma-se, vendo minha filha Celina nos braços da avó.

capítulo dezoito

Eu te ajudarei

– Estamos assistindo às manifestações do ontem em gestos de solidariedade e amor sob as bênçãos de Jesus. Dona Antonieta passará a ser o coração de mãe de que Celina precisa, pelo menos até os demais compromissados se unirem ao grupo.

– Por algum tempo, minha irmã – disse Matias –, lamentei não ter retornado ao convívio de meus pais antes do acidente que me trouxe de volta. Mas as Leis Divinas são justas e sempre quando se trata da colheita a que fazemos jus não há como fugir! Meus pais não chegaram a conhecer Carmela, tampouco souberam que eu havia me casado e justamente quando estava para visitá-los para que conhecessem meus dois tesouros, meu tempo pela escola Terra findou-se.

– É preciso sempre estar atento às oportunidades que nos são ofertadas, pois nunca sabemos a extensão do hoje em que vivemos. Cumprir com as obrigações e os compromissos, obedecendo às leis e aos princípios é dever de todo ser encarnado, mas fazê-lo bem e acima do que determina a sociedade que o abriga é o que identifica o verdadeiro cristão. Todos nós lançamos à Terra, em nosso ontem, as sementes de nossa colheita de hoje, O tempo, como nutriente da vida, se encarrega de frutificá-las para esse fim.

Aquela noite, em seu momento de sono físico, ajudada por colaboradores de nosso plano, Celina veio até mim e a abracei, amparando-a em seus passos vacilantes. Assim que identificou minha presença, comentou:

– Oi! Parece que a conheço, mas não consigo me lembrar direito.

– Já faz muito tempo, Celina, por isso você tem dificuldades em se lembrar! Mas sempre fomos boas amigas.

– Eu estou sonhando?

– Seu corpo dorme e refaz suas energias, enquanto você, em espírito, desfruta da oportunidade de rever alguns amigos!

– Por falar em amigos, eu não estou vendo o jardineiro, ele está por aqui?

Matias se aproximou abraçando a filha.

– Ainda bem que o senhor está aqui! Estou mesmo precisando lhe falar. Fiz tudo o que o senhor me pediu e queria saber quando é que o senhor vai trazer minha mãe para que eu possa vê-la.

– Breve, minha menina, muito breve! Assim que ela se recuperar totalmente virá abraçá-la. Posso lhe garantir que também está ansiosa por esse momento. Mas você não auxiliou aquelas pessoas pensando em negociar esta condição com Deus, não é mesmo?

– Não, senhor! Nem pensei em uma coisa dessas. Fiz porque o senhor me mostrou que eles estavam necessitados e porque me sinto bem fazendo. O senhor viu minha avozinha Antonieta e meu avozinho Juliano? E meus dois irmãozinhos, filhos de Clarita? Minha casa está cheia de amigos e eu estou feliz com isso.

– Eu os vi sim, Celina. Todos eles também estão muito felizes por estarem perto de você!

– Eu gosto muito de todos. Preciso de um favor do senhor! Vou levar Olinda para minha casa e dona Lucélia acha que vai ficar difícil alimentar a todos. O senhor me ajuda?

– Minha filha, nas palavras de Jesus "faça a sua parte que eu te ajudarei", encontramos a resposta à sua pergunta. O ontem bate à nossa porta em busca de soluções e quando nos prontificamos a executá-las, promovendo em nós as reformas necessárias, um novo horizonte se faz visível aos nossos olhos e um manancial de bênçãos adentra nossa vida. Prossiga, sendo a mão amiga, o teto que acolhe, a luz para esses corações, e nós estaremos a seu lado, amparando-a!

Celina notou que uma luz fora acesa na casa e interrompendo Matias falou:

– Há alguma coisa errada. Acenderam a luz! Vou voltar, depois conversaremos mais.

Reconduzida ao corpo por amigos espirituais, desperta e ainda confusa, tentando entender em que plano de vida estava, Celina conseguiu equilibrar-se, dirigindo-se até a cozinha de onde vinha a luz. Encontrou dona Antonieta sentada e com os olhos úmidos por algumas discretas lágrimas, os quais mantinha fixos nas brasas do fogão, enquanto seu pensamento viajava pelo tempo.

– Avozinha, a senhora está se sentindo bem?

– Acordei você, minha filha? Desculpe-me! Eu estou bem, somente uma pitada de saudade me incomoda! Nos últimos dias tenho pensado muito em meu filho, tenho sentido muita saudade dele!

– Saudade é um sentimento que incomoda muito, eu sei. Mas o que está feito não há como ser refeito, e nos resta aceitar e conviver.

– Eu sei, minha filha, mas mesmo aceitando a vida e os fatos como se apresentam, não estamos impedidos de sentir...

– Não fique triste não, avozinha, volte para a cama, vá descansar!

Dona Antonieta abriu a janela e olhando para o céu comentou:

– O dia está quase nascendo, ainda há algumas estrelas, mas ele já dá seus primeiros sinais! Por que você não volta a dormir? Vou aproveitar que já estou de pé e fazer um bolo para nosso café da manhã.

– Vou ficar junto da senhora para aprender a receita, a senhora se importa?

– Isso só me dará alegria.

– A senhora podia aumentar um pouco a receita, pois estou pensando em visitar Olinda e José Francisco agora cedo e gostaria de levar um pedaço para eles.

Clarita, que chegou à cozinha, comentou surpresa:

– Meu Deus! O que vocês duas estão fazendo acordadas a essa hora da manhã?

– Estamos fazendo um bolo! E você, por que já está de pé?

– A senhora já foi mãe, dona Antonieta, e sabe como funciona o relógio do estômago de criança. Quando chega a hora de comer, eles só sabem chorar. Tadeu já está acordado e Sheila já sugou tudo o que tinha direito.

capítulo dezenove

Corações em luta

Passavam poucos minutos das sete horas, quando dona Lucélia bateu à porta:

– Estou vendo fumaça na chaminé desde cedo e fiquei preocupada.

– Está tudo bem, minha amiga, apenas acordamos mais cedo.

– Você vai sair, Celina?

– Daqui a pouco, dona Lucélia, mas não ia me esquecer da senhora, não!

– Você vai até a casa de Olinda e José Francisco?!

– Isso mesmo! A senhora vai me acompanhar?

– Vou sim! Espere-me que vou até em casa trocar de roupa.

Pensativa e distante, enquanto aguardava a vizinha e amiga, Celina despertou a atenção da avó, que preocupada perguntou:

– O que foi, minha filha? Por que a tristeza?

– Eu queria trazer Olinda e José Francisco aqui para casa, mas não sei como alojá-los!

– Se fosse só a moça era fácil, mas tem também o rapaz.

– Mas vou convidá-los assim mesmo. Pelo menos até passar a época do frio.

– Mas o inverno ainda nem começou, minha filha!

– Eu não sei o que faço, mas não podemos deixá-la lá naquele frio!

Os olhos de Celina brilharam ameaçando derramar lágrimas e Matias interveio, inspirando dona Antonieta:

– Você já fez suas orações hoje, Celina?

– Por que a senhora pergunta?

– Estou sentindo você hoje muito distante de Deus. Vamos rezar pedindo a Ele para nos dar forças para conseguirmos ajudar aqueles dois?

– A senhora tem razão, avozinha, hoje ainda não fiz minhas orações.

– Então vamos esperar dona Lucélia chegar para fazer nossa prece todos juntos, antes de vocês saírem.

A cozinha foi o local escolhido para esse fim, e todos se acomodaram em volta da mesa. Dona Antonieta, amparada por Matias, teceu pequeno comentário sobre a fé e a perseverança, dando continuidade à sua conversa com Celina e todos se beneficiaram do entrosamento fraterno entre os dois planos da vida. Enquanto no plano físico os corações se entrelaçavam, em nosso meio nada menos que doze irmãos, entre colaboradores, amigos e trabalhadores compunham o grupo fraterno. Terminado o momento de prece, Celina comunicou sua intenção de trazer o casal para morar com eles e pediu a opinião de todos.

– A casa é sua, Celina, - disse Clarita - e nós somos seus abrigados. É ainda muito recente em nosso coração o sentimento de abandono e incerteza do amanhã que nos dominava pouco antes de você nos estender sua mão amiga, por isso, acho que nenhum de nós irá se opor à sua intenção em proporcionar aos dois o que você nos ofertou.

– Mas preciso de uma opinião mais precisa. Esqueçam isso de que a casa me pertence, pois ela agora pertence a todos nós.

– Preocupa-me, Celina, como fazer para alimentar todos, e não o fato de abrigar mais dois – acrescentou dona Lucélia.

– Eu compreendo, mas acho que essa é uma preocupação para depois.

– Faça seu oferecimento a Olinda, minha filha, ouviremos a resposta dela, e certamente poderemos contar com a aprovação de Deus que ouviu nossas preces.

– Acho que é isso o que vou fazer, avozinha, e mesmo que vocês não acreditem, eu tenho outros amigos que nos ajudarão com os problemas.

A noite tinha sido fria, sem chuva, mas o sereno e a brisa do mar mantinham ainda molhada a areia da trilha que dona Lucélia e Celina utilizaram para chegar até o barraco ocupado por Olinda.

– Engraçado, dona Lucélia, já passa das nove horas e não há sinal algum de que tenham se levantado!

– Talvez tenham saído. Vamos bater na porta!

Uma voz rouca e fraca respondeu às batidas:

– Quem é?

– Somos nós, Olinda! Celina e dona Lucélia.

– Um momento que a porta está trancada, José Francisco a consertou ainda ontem.

Logo que a porta foi aberta, Olinda recebeu o abraço carinhoso das duas e dona Lucélia perguntou:

– Você está doente, minha filha?

– Com um pouco de febre, acho que foi por causa das noites que dormimos ao relento. José Francisco já está acostumado por causa de sua vida de pescador, mas eu não!

– Onde está José Francisco, Olinda?

– No mar, Celina. Mas volta hoje mesmo!

– Você ainda tem daquele chá que deixamos aqui ontem?

– Tenho, sim! Só usei um pouco ontem à noite, mas por que a senhora pergunta, dona Lucélia?

– Vou fazer um chá bem quente para você tomar com um pedaço de bolo que Celina trouxe, depois você vai para debaixo das cobertas.

– Estou achando você muito estranha, Olinda!

– Tudo ainda é muito novo, Celina! Não faz muitas horas e estávamos sem teto e sem comida! Não tínhamos nenhuma esperança quanto ao amanhã, a não ser a forte vontade de seguir em frente. Se não fosse por você acho que estaríamos bem pior!

– Bobagem, Olinda. Minha mãe morreu e eu fiquei sozinha. A casa ficou muito grande, e então levei Clarita, as crianças, dona Antonieta e o marido, a quem chamo de avós, para morarem comigo. Por falar nisso, queria lhe fazer uma proposta: você não gostaria de se mudar lá para minha casa? Você poderia ficar no quarto comigo e com Clarita. Vai ficar um pouco apertado, mas minha avozinha Antonieta já se ofereceu para que Tadeu dormisse com ela! Mas José Francisco terá de dormir no chão da sala!

– Fico agradecida e emocionada com o seu convite, mas tenho de discutir isso com José Francisco antes de lhe dar uma resposta, Celina.

– Então nós vamos esperá-lo.

– Mas ele só chega à tardinha.

– Não tem problema, nós almoçamos aqui com você e se dona Lucélia não puder ficar eu ficarei para conversar com ele.

Olinda sorriu e não ousou discordar de Celina, tamanha a convicção que ela deixava transparecer. Após servir o chá com o bolo para Olinda, dona Lucélia a obrigou a recolher-se sob a colcha deixada por Clarita, enquanto afirmava:

– O neném está bem agasalhado aí dentro de sua barriga, mas você não! Por isso, trate de se cuidar para que ele nasça com muita saúde.

Logo após o almoço, feito com carinho por dona Lucélia, esta, impedida por compromissos outros, não pôde permanecer ao lado das duas, retornando a seu lar. Celina, então, comentou com a amiga, enquanto observava a vizinha que se afastava:

– Ela gosta muito de você, Olinda. Ih, ela esqueceu de trazer as roupinhas para o neném!

– Como assim, Celina?

– Ela separou algumas roupas que guardava como lembrança do filho para dar a você.

As duas venciam com facilidade as horas, em conversação animada, quando José Francisco se aproximou de casa e, ao ouvir o som das vozes, ficou apreensivo:

– Quem será, meu Deus? Deve ser alguém conhecido, pois estou ouvindo Olinda rir! Ainda bem.

As batidas de nosso amigo à porta fizeram com que Celina fosse atender, impedindo a amiga de se levantar, conforme dona Lucélia a instruiu.

– Olá, José Francisco! Estávamos esperando por você!

– Como tem passado, Celina? E você, Olinda, melhorou?

– Acho que sim. Dona Lucélia me fez um chá e me obrigou a almoçar. Almoce, José Francisco, eu e Celina precisamos conversar com você!

– O que houve, Olinda?

– Nada que possa preocupá-lo ainda mais, muito ao contrário.

– Primeiro vamos conversar, depois eu almoço!

Em nosso plano, junto com outros companheiros, esperávamos ansiosos a resposta de José Francisco, que ouvia atentamente a proposta de Celina. O vento da tarde já dava sinais de que faria uma noite fria. Observamos os casebres simples que encerravam entre suas paredes de madeira dramas, dores e incertezas, e mesmo que não tivéssemos participação direta com os corações envolvidos, sentíamo-nos compromissados a ajudar a solucionar os problemas. O ontem me veio à mente e, amparada na força da fé, voltei-me a Deus, em prece, pedindo por todos aqueles corações que lutavam para que conseguissem distinguir o sonho da realidade, o querer do poder e pela própria conquista o sublime direito à colheita da evolução.

capítulo vinte

Novas diretrizes

Celina expôs a José Francisco o objetivo de sua visita e a oferta durante alguns minutos, enquanto ele a ouvia calado e pensativo.

– Isso é o que posso oferecer e ficaria feliz se vocês aceitassem!

José Francisco e Olinda trocaram significativo olhar e esta comentou:

– Você ficaria mais tranqüilo se eu estivesse lá, não ficaria, José?

– Você me conhece, Olinda, e sabe do carinho e estima que tenho por você, fico temeroso em sermos um problema a mais para Celina! Você, Celina, já fez muito por nós, oferecendo-nos este teto, e creio que é o suficiente no momento.

– Não fale assim, José Francisco, Olinda precisa da companhia de amigos e de quem possa cuidar dela enquanto você trabalha. Isso lhe trará mais tranqüilidade na execução de seus afazeres, além do mais, cada um de nós tem seus próprios compromissos e uma estrada a trilhar. Você e Olinda têm ainda muito a realizar.

Celina calou-se assustada, quando percebeu estar repetindo na íntegra as palavras de Matias que ela mesma mal compreendia. José Francisco, perplexo com o que ouvira, perguntou:

– O que você sabe sobre nós, Celina? Ontem você disse que já nos conhecia e suas palavras de agora quase me dão a certeza disso!

– Para lhe ser franca, José Francisco, ou melhor, com os dois, eu nunca os tinha visto antes! Mas tenho um amigo que os conhece e me pediu para ajudá-los. Tudo o que falei ainda há pouco foram palavras dele.

– Como é o nome dele, Celina?

– Só o conheço pelo apelido, jardineiro!

– Nunca ouvi falar! E você, Olinda?

– Também não. O que mais ele lhe contou sobre nós dois, Celina?

– Nada mais, Olinda!

– Ainda bem! – suspirou José Francisco.

– Vocês estão me escondendo alguma coisa?

Os dois se entreolharam novamente e José Francisco convidou Celina a sentar-se ao lado de Olinda na cama, enquanto se acomodava no chão.

– Você tem um coração muito bom, Celina. Parece ser uma pessoa muito religiosa. Vou lhe contar nossa história e depois você analisa se é conveniente nos oferecer tanta coisa.

Eu e Olinda somos irmãos, estamos vivendo juntos e fora de casa há poucos dias.

Celina arregalou os olhos e não conseguiu conter a interrogação:

– Irmãos! Como pode ser? Então vocês não são marido e mulher?

– Não, Celina. Olinda e o namorado se excederam burlando a própria disciplina depois de mais de um ano de namoro, e ela engravidou. Meu pai, homem rude, de temperamento agressivo, sentiu-se humilhado e ultrajado em sua honra e, munindo-se de um revólver, tentou matar o namorado de Olinda, que conseguiu evadir sem se ferir. Nossa mãe, assustada e desgostosa com as atitudes de meu pai, que queria expulsar Olinda de casa, não suportou as emoções e faleceu em pouco mais de um mês. Depois de um processo de reclusão e lágrimas, seu coração não resistiu! Meu pai culpou Olinda pelo acontecido e, sem a barreira que era minha mãe, finalmente expulsou minha irmã de casa; então resolvi acompanhá-la e ampará-la até que seu namorado retornasse e pudessem viver a vida deles juntos. Essa é nossa história, portanto.

O silêncio se abateu sobre todos e era quebrado apenas pelo choro de Olinda, que buscava abrigo e proteção nos braços de Celina. Passados alguns minutos, nossa "flor", encorajada por Matias falou:

– Não vejo nada de mais na história de vocês, senão dor e sofrimento. Se antes eu estava disposta a ajudá-los, agora me sinto na obrigação de fazê-lo, depois de tomar conhecimento de suas reais dificuldades.

– Preocupa-me muito o fato de estar sendo um peso na vida de meu irmão, quando fui eu apenas que cometi o erro, dando origem a toda essa situação. Quando você disse que cada um de nós tem seus próprios compromissos e sua própria estrada a trilhar, agravou ainda mais minha preocupação. De bom grado eu aceitaria seu convite, mas deixo a meu irmão o direito da decisão, já que ele tanto tem se empenhado em me ajudar. Quanto a meu namorado, não sabemos por onde anda, desde que José Francisco lhe entregou uma carta escrita por mim pedindo que se mudasse de nossa vila, dando a meu pai tempo para compreender e aceitar nosso erro.

– Procuro agir pensando somente em seu bem-estar, minha irmã, e o que for melhor para você eu aceito.

– Então vamos fazer as malas!

– Vamos proceder de forma diferente, Celina. Olinda vai com você e eu fico aqui, se você permitir. Recebi uma proposta de trabalho e, se eu a aceitar devo ficar fora, em alto-mar, por uns vinte dias, e quando eu retornar voltamos novamente a conversar.

Celina deu um salto na cama e colocou as mãos no rosto sem conter a emoção:

– Obrigada, Jesus, obrigada, meu amigo, obrigada, Deus, por atender às minhas preces.

E, tomando as mãos de José Francisco, afirmou:

– Obrigada, estou muito feliz por vocês serem irmãos e se gostarem tanto!

– Você foi enviada por Deus para nos ajudar, Celina.

– Não diga isso, José Francisco, eu apenas faço o que me faz bem, e isso só me deixa mais alegre.

Voltando-se para Olinda, afirmou:

– Tudo o que estava na casa, nós vamos deixar, e mais alguma coisa que você puder acrescentar, mesmo porque José Francisco ainda ficará morando aqui por uns tempos e, depois, não sabemos o dia de amanhã nem quem poderá se beneficiar deste cantinho.

Abracei Matias e procuramos a orla do mar, enquanto afirmava ao amigo emocionado:

– Todas as sementes foram lançadas ao solo, agora precisam ser fortalecidas pelos nutrientes da fé e do amor a Deus para que floresçam em tempo certo. Faltam ainda algumas poucas para se unirem ao grupo de forma definitiva! Celina, a pequenina "flor" de um de nossos jardins, tem executado bem a sua parte com você a amparando, Matias.

– Sem a fé que me torna beneficiado direto do Mais Alto, não me atrevo a aceitar os louros da vitória que você me dedica, querida irmã, mas nunca estive só nesta batalha; e se Deus é a nossa meta, os amigos queridos têm sido meu amparo nesta caminhada.

– Nossa cota de participação faz parte de nossa bagagem de compromissos e quando optamos por nossa reforma íntima pelo exercício do servir com Jesus, a oportunidade do trabalho sempre nos é oferecida. Agradeçamos a Deus em prece pelas diretrizes alcançadas no momento.

capítulo vinte e um

Novos hóspedes

Enquanto isso, no barraco, os três se empenhavam em arrumar a bagagem de Olinda, e nossa querida "flor", mais alegre que a própria beneficiada, mal continha a emoção e, quando já estavam de saída, comentou:

– Vocês me perdoem, mas quando tomo uma decisão gosto sempre de orar a Deus, pedindo proteção e agradecendo a ajuda.

– Vamos esperá-la lá fora, assim você fica mais à vontade.

– Não, José Francisco, vocês são parte dos acontecimentos e devem participar!

– Mas eu não me lembro mais nem como rezar um Pai-Nosso!

– Apenas ofereça seu coração, José Francisco, essa é a prece que mais agrada a Deus.

Celina fez as orações e os dois a acompanharam silenciosos. Quando já estavam a caminho, Celina lamentou-se:

– Esquecemos de incluir em nossa prece o nome do noivo de Olinda!

– Eu me lembrei, Celina, nunca iria me esquecer dele!

– Ainda bem, minha amiga. Vejam! Aquela à porta com a criança no colo é minha avozinha Antonieta, que vocês já conhecem, e o menino é o Tadeu, filho de Clarita.

Cumprimentos, abraços emocionados e apresentações marcaram aquele momento. Dona Antonieta, confiante em que Celina traria os novos hóspedes, preparara, com ajuda de dona Lucélia, alguns biscoitos que ornamentavam a mesa, tornando-a convidativa ao lanche da tarde. José Francisco, emocionado com a felicidade estampada no rosto da irmã junto dos novos amigos, chamou Celina em particular e ofereceu a pouca ajuda que poderia em termos financeiros, ao que esta respondeu:

– Aqui nenhum de nós tem renda garantida e toda ajuda que vier será bem-recebida, mas esse assunto você vai conversar com avozinha Antonieta, que é a mais experiente de todas nós.

– Por que você resolveu nos ajudar, Celina?

– O motivo foi o mesmo pelo qual eu trouxe para cá Clarita com as crianças, dona Antonieta e o senhor Juliano.

– Eu tenho muito pouco para oferecer, mas farei de tudo para ajudar.

A presença de dona Lucélia, que retornava de sua casa com um volumoso embrulho, chamou a atenção de Celina:

– O que é isso, dona Lucélia?

– Venha ver, menina, é para o neném de Olinda!

Foi uma tarde de sorrisos, lágrimas felizes e descobertas para aqueles corações que se reencontravam pelas sendas de aprendizado na escola Terra, por intermédio da sublime oportunidade da reencarnação!

Duas semanas haviam se passado e José Francisco ainda permanecia ausente, como previra, e a vida na casa transcorria sem muitas alterações. Clarita conseguiu algumas roupas para lavar, no que era ajudada por todas as demais; ao mesmo tempo, alguns mantimentos foram doados por uma instituição religiosa e eram administrados por dona Antonieta para que nada faltasse. Já nesse tempo, Celina tinha conseguido localizar a casa espírita e participava de algumas reuniões sem contar a ninguém pormenores de sua vida. Mas seu conhecimento doutrinário aliado à espontaneidade de seu coração nas tarefas cristãs já faziam convergir sobre ela olhares de interrogação. Eu, que tinha me afastado daquele lar em função de outros compromissos, agora retornava com o coração repleto de esperança pelos acontecimentos previstos pelos irmãos do Mais Alto.

Encontrei nosso querido Matias à frente de outros três companheiros na tarefa de auxiliar aqueles corações, mas algumas rugas de preocupação, visíveis em seu semblante, chamaram minha atenção:

– O que foi, querido irmão? Vejo em seu semblante que algo o preocupa!

– Realmente, minha irmã. Celina é maleável a todas as minhas sugestões, como você já pôde presenciar, exceto para retornar aos estudos. Preciso de sua ajuda!

De manhã, dona Antonieta passava cuidadosamente o uniforme de Celina.

– Por que a senhora está passando meu uniforme, avozinha? – estranhou Celina.

– Porque acho que você vai precisar dele amanhã! – declarou dona Antonieta.

– Mas eu não vou à escola! – retrucou Celina.

– Estive conversando com Juliano sobre a possibilidade de partirmos. Nossa presença aqui tem acarretado para você muitos compromissos que a têm impedido de continuar seus estudos e isso não é correto de nossa parte.

– Não fale assim, avozinha, vocês não são nenhum problema para mim!

– Não tente nos enganar, criança. Sabemos que somos nós os grandes culpados por você não freqüentar mais a escola. Por isso em dois ou três dias partiremos.

– Mas para onde vocês irão?

– Para qualquer lugar onde não sejamos um peso na vida de ninguém. E, depois, deve existir mais alguém que tenha um bom coração como o seu e que irá nos acolher!

– Está bem, mas me prometa pensar melhor antes de tomarem a decisão de partir!

– Por isso eu lhe disse em dois ou três dias.

Celina se afastou preocupada e em minutos Matias aproximou-se de mim eufórico:

– Não sei como você fez, querida irmã, porém ela está preparando seu material escolar, e eu a ouvi afirmando para Clarita que a partir de amanhã retornará à escola.

– O mérito é todo de dona Antonieta, que atendeu ao nosso pedido de ajuda.

Interrompemos nosso diálogo quando dona Lucélia penetrou no recinto, sem se anunciar, como era seu hábito. Seu semblante alegre confirmava para nós o alerta de nossos superiores. Abraçando dona Antonieta e Celina, falou, exibindo um lindo sorriso, adornado com duas lágrimas:

– Deus é muito bom! Meu Mário voltou! Meu filho voltou para casa, chegou hoje bem cedo! Agora está lá conversando com o pai.

capítulo vinte e dois

A casa espírita

– Quando foi isso, dona Lucélia?

– Foi agora pela manhã, Celina! Eu estava tomando meu café quando bateram à porta e justamente meu marido foi atender. Não há como explicar a felicidade que trago dentro de mim!

– Deus é muito justo, dona Lucélia. Nós é que nem sempre confiamos em Seus desígnios.

– Já fiz minha prece pedindo perdão por duvidar de Sua misericórdia. Foi a primeira coisa que fiz, dona Antonieta! Vamos até lá em casa para que possam conhecê-lo!

– Acho que esse não é o momento certo, minha amiga. Vocês têm muita coisa para conversar e é melhor que desfrutem essa oportunidade.

– A senhora tem razão, dona Antonieta. Nem sabemos por onde ele andou!

Dona Lucélia saiu da casa de Celina retornando ao seu lar, e esteve ausente durante todo o dia, deixando todos ali inquietos e curiosos. Já à tardinha, quando a noite mal começava, nossa "flor", pronta para se ausentar, ouviu de dona Antonieta:

– Minha querida, compreendo, respeito e aceito sua crença religiosa, mas me preocupa vê-la sair sozinha à noite. Conversei com Juliano e ele se prontificou a acompanhá-la. Espero que você aceite!

Celina não só concordou como também se emocionou com o interesse e a preocupação deles. Os freqüentadores da casa espírita naquela noite ouviram Celina pela primeira vez. Amparada por Matias, Celina discorreu com facilidade sobre o tema escolhido, deixando todos emocionados. Estava, portanto, selado, a partir daquele dia, o compromisso de nossa "flor" com as fileiras espíritas em terras catarinenses.

Junto com Matias, observei emocionada ao término da reunião, quando Celina era cumprimentada por alguns irmãos. Felizes, notamos quando recebeu o convite para integrar ogrupo de jovens daquela casa de oração. Matias comentou:

– Falta-lhe ainda o conhecimento obtido pelo estudo. Nossa querida falou utilizando os recursos de seu coração. Com sua participação no movimento de jovens, será beneficiada com farto material de aprendizado.

– O que observamos hoje foram as manifestações do aprendizado adquirido nos anos anteriores, quando Carmela a mantinha ativa no movimento de jovens. O conhecimento da fé e dos princípios estabelecidos por Jesus são de suma importância na formação do jovem, seja no lar seja em agrupamentos como este! Bem-aventurados aqueles que conseguem beneficiar-se dessa matéria quando caminham pela senda do aprendizado na Terra. Felizes os pais que conseguem oferecer aos filhos tal oportunidade! As casas espíritas que primam por criar e manter esses movimentos estão a lançar sementes de luz ao solo do amanhã, e as transformações impostas pelo progresso caminharão ao lado da fé e do amor nesses corações. Bem-aventurados, portanto, os mestres que executam com carinho e amor sua missão com os jovens. Bem-aventurada a casa espírita cristã que os acolhe, ofertando as sementes desse aprendizado, transformando, à luz do esclarecimento, espíritos milenares em jovens aprendizes do hoje.

– A extensão dos compromissos que regem instituições como esta têm sua origem nos seculares horizontes vividos por seus integrantes, visando sempre a amparar e instruir.

– É impossível medir a extensão desses compromissos, Matias e, sob a luz da verdade pregada por Jesus e Kardec, não é possível admitir "Amar ao próximo como a si mesmo" sem ser-lhe a mão amiga e a palavra a que esclarece e consola, ao mesmo tempo que é impossível conceber uma instituição voltada a esses princípios que não mantenha vivo e atuante seu departamento de orientação à criança e ao jovem.

Sem que percebêssemos, um pequeno número de irmãos tinha se unido a nós, atraído pelo assunto esclarecedor. Novas opiniões surgiram ditadas pela experiência de muitos outros companheiros. Nossa conversa não teve duração menor que um bom número de horas e dali nasceu a idéia, que mais tarde tornou-se o propósito daquela casa cristã, fazendo com que o jovem participasse de forma mais ativa dos trabalhos de campo, quando fosse esclarecido durante as reuniões de estudo de que "Fora da caridade não há salvação".

Retornamos ao lar de Celina já pela manhã e junto com os primeiros raios de Sol a encontramos com dona Antonieta, que lhe servia o desjejum enquanto cantarolava alegre. Influenciados ainda pelo assunto reinante na reunião daquela noite, passamos a ouvir o diálogo das duas:

– A senhora está feliz hoje, avozinha?

– Quando se exige pouco da vida, é fácil ser feliz, minha querida!

– É sim, mas é muito difícil ficar sem sonhar!

– E quem falou que sonhar é pecado? O importante é não viver em função dos sonhos. Já pensou o que seria de nós se você vivesse somente em função de seus sonhos? Não estaríamos abrigados e felizes.

– Mas isso é diferente. Mamãe sempre me ensinou que doando somos nós quem mais recebemos. A senhora já pensou no que seria de minha vida se eu não tivesse vocês? Eu sou a maior beneficiada por esta situação, mas me preocupa pensar em quantas crianças, velhos e jovens esperam por uma ajuda neste instante!

– Nós não podemos ser o remédio do mundo, Celina!

– Mas do mundo à nossa volta, podemos! Se não fosse aquele cantinho onde Clarita vivia, eu não teria perto de mim, hoje, a senhora e o meu avozinho, e fico imaginando como seria triste minha vida. Isso nos prova que a todo momento Deus está usando dos recursos possíveis para nos alertar de nossas responsabilidades e deveres. Por isso, agradeço muito àquele cantinho onde conheci vocês.

– Como era o nome de seu pai, Celina? Você nunca nos falou sobre ele!

– O nome dele era Matias. Quando eu voltar da escola, vou lhe mostrar o retrato dele. Ele era muito bonito, avozinha, e gostava muito de minha mãe.

capítulo vinte e três

Descobertas do passado

O Celina não percebeu o olhar triste de dona Antonieta perdido no passado quando o nome de Matias foi pronunciado! Nem mesmo a presença de Olinda e a de Clarita, após Celina se retirar, conseguiram torná-la alegre como quando começara seu dia, o que deixou a todos na casa inquietos e preocupados.

A rotina naquela manhã prosseguiu normal. O senhor Juliano cuidava da pequena horta e cortava lenha. Clarita lavava as roupas de uma freguesa. Olinda cuidava das crianças e dona Antonieta preparava o almoço, quando dona Lucélia se fez anunciar:

– Entre, Lucélia! Já estávamos sentindo sua ausência!

– Fiz o que você me sugeriu ontem, Antonieta, passei o dia com o meu filho. Ele e o pai finalmente se entenderam e parece que ele não vai mais partir.

– Por onde ele andava, Lucélia?

– Estava vivendo em uma vila aqui perto! Dedicou-se à pesca. Onde está Celina?

– Voltou a estudar, graças a Deus! Foi preciso pressioná-la para que tomasse essa decisão.

– Preciso conversar com você, Antonieta. Preciso que me ajude em um assunto muito sério!

– Estou à sua disposição, minha amiga.

– Vamos falar baixo, pois não sei ainda algumas respostas. Estou desconfiada de que meu Mário é o namorado de Olinda!

– Não me diga uma coisa dessas, Lucélia!

– A história que ele me contou se parece muito com a história da vida dela. Alguma vez ela lhe disse o nome de seu namorado?

– Para mim não, mas Celina sabe de todos os detalhes.

– Então acho melhor esperar Celina chegar antes de tomar qualquer decisão, mesmo porque, se for ele mesmo, é preciso prepará-la para não se emocionar muito.

– Meu Deus, se tudo for verdade, a casa vai acabar ficando vazia.

– O que você quer dizer com isso, Antonieta?

– Clarita está pensando em voltar para sua terra com as crianças, ela ainda tem alguns parentes por lá, e se Olinda for realmente quem estamos pensando também irá se mudar.

– Eu gostaria muito de tê-la como nora, simpatizei muito com ela e com o neném que está para nascer!

– Nada mais justo que ela vá morar com você e seu filho, Lucélia, mas Celina irá sentir muito!

*
* *

Logo após o almoço, Celina manifestou a vontade de ir até a casa de dona Lucélia com o objetivo de conhecer o filho dela e comunicou o fato a dona Antonieta.

– Preciso conversar com você antes, Celina, vamos até o quintal.

Dona Antonieta contou para Celina sobre as suspeitas existentes acerca da identidade do namorado de Olinda. Os dados complementares fornecidos por Celina confirmaram a realidade dos fatos.

– Olinda vai ficar muito feliz, avozinha.

– Só que ela terá de partir para viver com o marido!

– Espero que eles sejam felizes.

– Achei que isso fosse chocá-la, minha filha, mas pelo que posso observar você aceitou bem a idéia!

– Por estendermos nossas mãos com o objetivo de ajudar não temos o direito de posse sobre a vida de nosso próximo. Sentirei falta dela, mas estarei feliz por tê-la ajudado de alguma forma a vencer seu momento de dificuldade! Aprendi, com a morte de minha mãe, que a felicidade é constituída de momentos bons e que nós insistimos em descobrir tarde demais. Agora eu não vivo mais assim, faço de tudo para ter momentos felizes e desfrutar deles quando sei que estão acontecendo.

– A minha menina está ficando velha.

– A senhora se engana, estou é muito feliz a seu lado, avozinha!

Dona Antonieta sorriu e abraçou Celina, que acomodou a cabeça em seu ombro enquanto a ouvia falar:

– Você está sabendo que Clarita também está pensando em partir?

– Sei, sim! Tenho conversado muito com ela sobre isso! Ela está juntando algum dinheiro para esse fim!

– Como vamos fazer com o caso de Olinda?

– Vou até a casa de dona Lucélia e como sei de quase toda a história, verei se Mário é realmente quem estamos supondo e, se for, nada mais justo que contar aos dois.

– Mas não se esqueça de que Olinda está no sétimo mês de gravidez e não pode assustar-se!

– Mas não há como evitar que todos se emocionem, caso nossas suspeitas se confirmem.

Dona Lucélia veio receber Celina no portão e, abraçada a ela, a conduziu ao interior da casa. Logo, um jovem foi apresentado para Celina, que não perdeu tempo para entrar no assunto que a preocupava. Com detalhes, contou a Mário a história da amiga e ouviu deste:

– Preciso vê-la! É ela mesma, minha mãe, só pode ser a minha namorada! E o irmão? Qual é o nome dele?

– José Francisco – respondeu Celina.

– Não há dúvida nenhuma, são eles mesmos! Graças a Deus os encontrei! Vim para casa buscar ajuda com meus pais, e a solução do meu problema estava aqui me esperando.

Dona Lucélia emocionada abraçou-se ao filho, enquanto Celina prosseguia, agora preocupada com as reações de Olinda e o reflexo sobre a criança no ventre.

– Como faremos para comunicar a ela, dona Lucélia?

– Acho melhor você cuidar disso, Celina, vocês têm quase a mesma idade e terão mais facilidade para se entenderem.

Celina voltou para casa e buscou refúgio na prece, tendo Olinda a seu lado. Depois de terminá-la, enquanto amigos deste plano movimentavam-se em favor de Olinda, nossa "flor" lhe relatou o acontecido. As lágrimas afloraram com facilidade sem o pranto convulsivo e Celina perguntou:

– Está pronta, minha amiga? Vamos ver se sua felicidade está do outro lado da porta?

– Estou sim, Celina! Obrigada pela ajuda e pela oração.

Abraçadas, as duas se dirigiram à sala onde todos aguardavam impacientes. A emoção gerada a partir daquele momento de reencontro foi contagiante e, até mesmo em nosso plano, as lágrimas felizes não puderam ser contidas. Naquela mesma tarde, Olinda transferiu sua moradia para a casa de dona Lucélia.

Quando as primeiras estrelas começavam a ornamentar o céu, encontraram Celina sentada na varanda sozinha, a meditar:

– Oh, meu Deus! Espero que nem todos partam. Deixe aqui pelo menos minha avozinha e meu avozinho! Sei que neste momento muita gente sofre à espera de uma mão amiga, por isso lhe peço, meu Deus, permita-me ser essa ajuda! Aqui em casa nós temos uma vaga com a saída de Olinda, portanto, se o senhor tiver alguém...

Olhei para Matias, que sorridente comentou:

– Em breve vamos ter de ajudá-la a ampliar a casa.

capítulo vinte e quatro

Servir à causa cristã

A noite cobriu com seu manto os últimos raios de luz, e dona Antonieta, indo ao encontro de Celina, sentou-se a seu lado.

– Você está triste, minha filha?

– Só um pouco, avozinha!

– Foi a mudança de Olinda, não foi?

– Não, avozinha, ela seguiu seu caminho, eu estou preocupada com o meu. O que será que a vida me reserva?

– Isso está nas mãos de Deus, minha menina!

– Eu sei! Mas os dias vindouros muito me preocupam.

– Aprendi, com o passar dos anos, que cada dia que nasce traz consigo nossa cota de lutas e dificuldades, de alegrias e de realizações, dependendo somente do que alimentamos em nosso coração!

– Eu também penso assim, mas acho que ainda sou muito nova e encontro dificuldade para me lembrar sempre disso!

Dona Antonieta ofereceu o colo para Celina, que recostou sua cabeça, enquanto recebia seu afagos carinhosos.

– Noites lindas como esta só vêm aumentar em nosso coração a saudade daqueles que partiram e nos lembram dos bons momentos vividos com eles.

– É sim, avozinha! Mamãe gostava de ficar admirando as estrelas. Acho que sentia saudade de papai!

– E você não me mostrou o retrato dele! Eu também tenho um retrato que quero lhe mostrar, é de meu filho!

– Eu me esqueci.

– Sabe de uma coisa, menina? Quando você me falou o nome de seu pai eu levei um susto, meu filho também se chamava Matias!

– Aquele que desapareceu?

– Ele, sim!

– A senhora já pensou na possibilidade de sermos parentes, avozinha?

– Já pensei, sim! Mas isso não iria alterar em nada o sentimento que nos une, ou iria?

– Não, não iria, não!

– Vá buscar o retrato, minha filha, satisfaça minha curiosidade.

Antes de Celina se afastar em direção ao interior da casa, teve sua atenção voltada para um vulto que caminhava em direção de sua casa.

– Veja, avozinha! Aquele não é José Francisco?

– É ele mesmo, minha filha. Voltou antes do previsto!

Abraços emocionados marcaram o reencontro dos três e só então nosso amigo foi conduzido até o interior da casa, quando finalmente lhe foram revelados os fatos que culminaram com a mudança de Olinda.

– Graças a Deus seus problemas tiveram uma solução. Graças a você também, Celina! Nunca vou me esquecer de seu gesto de solidariedade naquela tarde chuvosa. Vocês acham que está muito tarde para visitar Olinda?

– Eu sempre soube que mulher grávida dorme muito, e acredito que sua irmã não foge à regra. O que a senhora acha avozinha?

– Só posso concordar com você, mesmo sabendo que lhe falta muita experiência nessa área, mas acho que não custa ir até lá!

– Então vamos, José Francisco, e se ela estiver dormindo, nós voltamos para tomar café com bolo feito por minha avozinha.

Dona Lucélia foi atender ao chamado discreto de Celina e abraçou-se a José Francisco.

– Sua irmã é uma ótima pessoa e será para nós a filha que não tivemos. Eles já estão dormindo, foi um dia muito cheio de emoções para todos nós! Vou acordá-los.

– Não faça isso, dona Lucélia, eu volto amanhã. Como a senhora disse, ela já sofreu muitas emoções hoje, vamos reservar algumas para amanhã!

– Está bem, meu rapaz, mas venha visitá-la logo cedo, pois não sei se vou conseguir ficar sem contar a ela sobre seu retorno.

– Eu virei cedo, dona Lucélia, pode acreditar!

Já de volta à casa de Celina, José Francisco mostrou-se preocupado com o horário:

– Já deve ser muito tarde, não observei esse detalhe.

– Passa poucos minutos das nove horas e, como lhe falei, mulher grávida tem muito sono, não é mesmo avozinha?

– É sim, minha filha, e gente velha também gosta de dormir cedo, pois sempre acorda antes de o Sol nascer.

José Francisco fez seu lanche rapidamente e logo partiu. À noite, liberta durante o sono, Celina veio até nosso meio e inquieta perguntou para Matias antes mesmo de cumprimentá-lo:

– Ainda bem que você está aqui. Preciso de seus conselhos! Ofereci a Deus ajuda pedindo que ele mandasse alguém para o lugar de Olinda e ele não me atendeu. Tenho medo de ficar sozinha novamente, pois Clarita também já se afirma pronta para partir.

– Mas você ainda tem seus avós!

– E se eles partirem também?

– Todos partirão um dia, minha flor, pois a Terra é apenas um local de passagem onde nos favorecemos com a oportunidade de aprendizado e a reparação de nossos erros!

– Eu sempre soube disso. Mas mesmo assim a dor da saudade é implacável.

– Quanto ao pedido que você fez a Deus, nosso Pai, tenho certeza de que será atendida. Ele nunca deixa de atender às nossas necessidades! Mas você ainda não me abraçou, Celina!

Enquanto se beneficiava do abraço carinhoso de Matias, nossa amiga comentou:

– O senhor me lembra alguém, mas não consigo identificar quem.

Matias, furtando-se de responder à nossa amiga, afirmou:

– Trago-lhe notícias de Carmela. Ela está feliz e anseia pela oportunidade de abraçá-la.

– Leve-me até ela, senhor jardineiro. Estou morta de saudade de minha mãezinha!

– Você não acha melhor que ela venha até você? Se ela assim o fizer será porque já está completamente recuperada, e a emoção de reencontrá-la não afetará o seu restabelecimento.

– Então é assim que funciona?

Matias sorriu e, abraçando a filha, afastou-se, conduzindo-a:

– Vamos dar um passeio, menina, vamos conhecer algumas pessoas.

Já era quase dia quando os dois retornaram e, pelo semblante de ambos, podia-se notar que souberam bem aproveitar a oportunidade. Matias me respondeu depois de assimilar mentalmente meus conceitos:

– Estivemos prestando ajuda a alguns lares com irmãos do nosso plano que se prestam a esse fim. Acredito que tenha se consolidado no coração de Celina o firme propósito de servir à causa cristã com a qual está compromissada.

As palavras de Matias me alertaram da proximidade do término de nossas atividades com a querida "flor" de nosso jardim, quando pouco, muito pouco ainda restava a ser feito no sentido de ampará-la, guiando-a ao encontro de seus compromissos.

capítulo vinte e cinco

Celina e os novos compromissos

As batidas na porta causaram espanto a Celina e a dona Antonieta, que tomavam o desjejum:

– Pode deixar que eu atendo, minha filha. Continue seu lanche.

Dona Antonieta retornou logo em seguida acompanhada por José Francisco, causando estranheza em Celina:

– O que houve, José Francisco? Você aqui tão cedo! A essa hora Olinda ainda deve estar dormindo.

– Ele está com problemas lá no barraco, Celina!

– O que houve?

– Quando retornei para casa ontem à noite quase morri de susto! Eu havia esquecido a porta aberta e encontrei duas crianças dormindo em minha cama. Um menino e uma menina! Eles dormiram a noite toda e só acordaram agora pela manhã. O que faço, Celina?

– Eles estão lá ou você os trouxe?

– Ficaram lá! Falei para eles que iria comprar pão e leite. Eles nem me responderam, apenas se encolheram debaixo da colcha! Ela deve ter uns oito anos e ele é bem mais novo.

– Eu vou até lá, avozinha.

– Pelo jeito vai faltar à escola hoje.

– Avozinha! O que a senhora faria se estivesse no meu lugar?

– Não me venha com chantagem, menina! Vou arrumar alguns biscoitos e bolo para você levar, e chegando lá faça café ou chá para eles.

Celina seguiu como estava vestida, com o uniforme do colégio, e, a passos largos, que José Francisco esforçava-se para acompanhar, alcançou rapidamente a pequena trilha que levava à casa que fora de Clarita.

– Vamos chegar sem fazer barulho, talvez ainda estejam dormindo! – comentou Celina.

José Francisco abriu cautelosamente a porta e Celina, adiantando-se, entrou na casa. Sob a coberta, duas crianças dormiam despreocupadas. As mãos sujas eram sinal de que já estavam longe dos pais fazia vários dias. Celina pediu a José Francisco para entrar e fechar a porta em silêncio, e, com a ajuda deste, conseguiu acender o fogão. Enquanto aguardava para preparar o café, notou que dois pequenos olhos a fitavam assustados:

– Bom dia, menina! Não precisa se levantar, pois o café ainda não está pronto.

Não obteve nenhuma resposta, mas prosseguiu tentando uma aproximação:

– Você dormiu bem? Não precisa ficar assustada, pois ninguém aqui vai brigar com você.

Prosseguia conversando, enquanto preparava o café e agora não mais dois mas quatro olhos a vigiavam, plenos de interrogação. Colocou sobre a mesa os biscoitos e o bolo que Antonieta mandara e, voltando-se para os dois, que ainda continuavam sob as cobertas, falou:

– Se vocês não vierem logo não vai sobrar nada para vocês.

Num piscar de olhos estavam de pé ao lado da mesa e antes que pudessem iniciar a refeição, Celina afirmou:

– Antes de começarem a comer, lavem as mãos, que estão imundas!

Celina os guiou até uma vasilha com água e de posse de um pedaço de sabão os ajudou. Os cabelos em desalinho e maltratados, as roupas sujas e gastas, já com alguns remendos, chamaram a atenção dela. Enquanto os ajudava na higiene, perguntou:

– Há quanto tempo vocês saíram de casa?

A menina, mais velha que o menino, respondeu sem levantar os olhos:

– Nós não saímos, não! A casa é que acabou. Depois que levaram mamãe, outros homens vieram e derrubaram nossa casa.

– Para onde levaram a mãe de vocês?

– Eles não deixaram a gente ver, não, mas um deles falou que era para o cemitério.

Celina olhou para José Francisco, que não se atreveu a encará-la, envergonhado pelas discretas lágrimas que não conseguia conter, e voltando-se para as crianças ela prosseguiu:

– Depois vocês me contam essa história direito, agora vamos comer alguma coisa.

Depois de alimentá-los e ter ganhado a confiança deles, principalmente da menina, Celina obteve respostas:

– E seu pai? O que foi feito dele?

– A polícia prendeu e ele nunca mais voltou para casa!

– Como você se chama?

– Meu nome é Ana e do meu irmão é Ricardo, e o seu?

– O meu é Celina. Vocês gostariam de morar comigo?

– Você bate em criança?

– Eu ainda sou uma criança! Não vou fazer aos outros o que não quero que façam comigo!

– Mas aqui só tem uma cama!

– Mas eu não moro aqui! Aqui mora o José Francisco, que é esse moço!

– Você mora onde? É longe daqui?

– Mais ou menos. Na minha casa moram meus avós, minha irmã e meus dois sobrinhos. Tem um quintal grande e avozinha Antonieta faz uma comida muito gostosa.

O menino que ouvia atentamente enfim manifestou-se:

– Eu quero, Ana.

– Você mora com muita gente, será que tem lugar para nós dois?

– É claro, Ana! Aqui só tem uma cama e José Francisco, que é o dono dela, não gosta que ninguém a use. Vamos até lá em casa. Tenho certeza de que vocês vão gostar!

Em poucos minutos, depois que José Francisco tomou o cuidado de fechar a porta, colocou o menino sobre os ombros, enquanto Celina de mãos dadas conduzia Ana. Alguns minutos além do previsto foram necessários para alcançarem a rua onde nossa amiga residia, e, ao chegarem defronte à casa de dona Lucélia, o olhar ansioso de José Francisco foi logo percebido por Celina, que falou:

– Pode deixar que eu levo o Ricardo. Vá abraçar nossa querida Olinda, sua irmã!

Imediatamente, José Francisco colocou o menino no chão e afirmou:

– Daqui a pouco vou até sua casa, assim que eu abraçar Olinda.

Celina sorriu caminhando em direção à sua residência, poucos metros adiante e foi recebida na porta por dona Antonieta e Clarita. Procurando deixar as crianças à vontade, falou:

– Esta é minha irmã Clarita, e esta é minha avozinha Antonieta, que faz aquela comida bem gostosa.

Dona Antonieta fez um afago nas crianças e, conduzindo-as para dentro de casa, voltou-se para Clarita e Celinadizendo:

– Vou levá-los direto para um bom banho e vocês duas tratem de providenciar alguma roupa para eles.

Com dificuldade, Celina conseguiu entre suas lembranças de infância alguma peça para usar em Ana, mas para Ricardo não houve como e foi preciso que ele ficasse enrolado na toalha até dona Antonieta conseguir secar no calor do fogo as duas únicas peças que ele usava. Enquanto Ana brincava com as crianças de Clarita, Celina contou a história que ouviu da menina.

Dona Lucélia, depois de atender José Francisco e ouvir dele a história das duas crianças, não se conteve e dirigiu-se para a casa vizinha para conhecer os dois novos hóspedes. Foi quando se resolveu o problema do menino, pois ela conseguiu também, entre as lembranças guardadas com carinho, algumas peças de roupa que pertenceram a Mário, quando criança. Já à noite, depois de um dia agitado e cheio de descobertas, os dois irmãos, bem alimentados e limpos, foram acomodados na cama onde Olinda dormia, e Celina finalmente conseguiu um tempo para desfrutar da tranqüilidade da varanda, como costumava fazer, muito embora uma brisa fria já começasse a incomodar.

Dona Antonieta foi ao seu encontro e argumentou:

– Acho realmente impressionante como a vida à sua volta transforma-se tão rapidamente, minha menina! Ontem a esta hora estávamos aqui tristes com a saída de Olinda e hoje já estamos com mais dois em seu lugar!

– Graças a Deus, avozinha, é sinal de que o pouco que temos é muito para quem nada tem. Além do mais, fiz uma prece a Deus e falei que se ele tivesse alguém precisando poderia mandar, pois estávamos com uma vaga na casa.

– Você fez isso mesmo, Celina? Pediu isso em suas orações?

– Que mal há nisso, avozinha?

– Nenhum, minha neta, só estou surpresa com tanta coisa que estou aprendendo com você.

– A senhora está preocupada em me agradar e não quer enxergar meus defeitos.

– Enxergo sim, como o de prometer e não cumprir!

– O que foi que eu prometi para a senhora?

– Você vai ou não vai me mostrar o retrato de seu pai?

Celina abraçou-se à avó e sorrindo feliz, afirmou:

– A senhora me mostra o retrato de seu filho que eu lhe mostro o de meu pai. Vamos ver quem é mais bonito!

A meu lado, Matias permitia-se um sorriso enquanto eu afirmava:

– Nossa "flor" desabrochou, meu irmão, e em breve esse será o seu jardim, quando muitos se beneficiarão do perfume das flores cujas sementes foram lançadas neste solo com as bênçãos de Jesus.

capítulo vinte e seis

A sublime tarefa de servir

De posse do retrato, Celina retornou à sala, onde encontrou a avó remexendo velhos guardados que estavam em uma bolsa.

– Eu achei o meu, avozinha! Mamãe falava que papai quando tirou esse retrato ainda era um anjo, mas eu sei que era brincadeira dela, pois papai estava com doze anos na época.

Celina entregou a fotografia para dona Antonieta que, ao olhá-la, permitiu que os sentimentos se manifestassem em forma de lágrimas. Abraçando-se à avó, Celina perguntou:

– Ele não era bonito, avozinha?

– Muito bonito, minha neta, e era uma criança muito amorosa também!

– A senhora conheceu meu pai?

– Deus sabe o que faz, menina, este é o meu filho Matias!

– Não brinque comigo, avozinha!

– Não estou brincando, Celina. E isso só me deixa ainda mais feliz por Deus ter colocado você em nosso caminho. Então meu filho já morreu! Conte-me tudo o que você sabe dele!

As duas conversaram até tarde naquela noite, sempre acompanhadas de perto pelo senhor Juliano, chamado por Antonieta para inteirar-se dos fatos. Pela manhã, enquanto se aprontava ajudada pela avó, Celina perguntou preocupada:

– A senhora tem certeza de que consegue tomar conta de Ana e Ricardo e ainda fazer o almoço?

– Seu avô me ajuda, Celina. E não tente usar isso como desculpa para não ir à escola.

Passaram-se dois meses desde a chegada dos irmãos Ana e Ricardo. Era um sábado e muita coisa estava acontecendo naquele dia! José Francisco, que havia se tornado assíduo freqüentador da casa, agora se despedia de todos pois retornaria para a casa de seus pais. Clarita, em atitude idêntica, movimenta-se agitada pela casa no afã de organizar seus pertences e os das crianças.

– Novamente, a casa vai ficar vazia! – comentou Celina com a avó, enquanto observava Clarita e suas crianças, ajudadas por José Francisco, desaparecerem no final da rua.

– Deus sabe o que faz, Celina! Você a ajudou muito, assim como às crianças, e também a José Francisco. Fique com a consciência tranqüila.

Quando se preparava para retornar para dentro de casa, Celina reconheceu um senhor que, com certa dificuldade, caminhava em direção à sua casa. E afirmou:

– Aquele é o senhor Nestor, do centro espírita que freqüento. O que será que ele está fazendo por aqui?

A resposta veio com a aproximação do amigo, que afirmou:

– Boa tarde, Celina! Boa tarde, minha senhora! Ainda bem que a encontrei em casa, Celina.

– Vamos entrar, senhor Nestor, a avozinha fez um café ainda há pouco.

Depois das apresentações e acomodado, o senhor Nestor expôs os motivos de sua visita:

– Estou fazendo uma campanha de casa em casa para angariar ajuda a uma família com seis crianças que chegou há poucos dias à nossa cidade, vinda da zona rural. Já consegui arrecadar algumas peças de roupa e mantimentos, mas muito ainda há para ser feito! Vocês poderiam me ajudar com alguma coisa?

– Eles estão ao relento, senhor Nestor?

– Estão sim, Celina, ainda não foi possível conseguir para eles um abrigo!

– Olha, senhor Nestor, eu tenho uma forma de ajudar. Existe um cantinho, que não chega a ser uma casa, mas pode ser usado como um abrigo provisório e que está sob minha responsabilidade. Poderíamos abrigá-los lá!

– Seria uma grande ajuda, Celina, e os estaremos tirando do relento.

Celina olhou para a avó, e esta, compreendendo o que aquele olhar queria dizer, afirmou:

– Vamos fazer o seguinte, senhor Nestor: a tarde fria está pedindo um bom prato de sopa para o jantar. O senhor os traz até aqui, e depois de alimentados vocês poderão levá-los até o cantinho de Celina. O que você acha, minha neta?

– Se eu fosse eles não perderia a sopa por nada!

Celina sugeriu ao senhor Nestor que aguardasse em sua casa e foi ao encontro de dois colegas seus do centro e também da família necessitada, retornando alguns minutos depois. Ao passar em frente da casa de dona Lucélia, que estava na varanda em companhia do filho e de Olinda, viu quando a amiga assustada ficou de pé e levou as mãos ao rosto exclamando:

– Deus do céu! O que você está fazendo, Celina?

– São meus novos hóspedes, dona Lucélia. Depois a senhora vai até lá em casa para conhecê-los!

– O lugar que era de Clarita ainda nem esfriou e você...

– Dona Lucélia, quando o trabalhador está pronto, o serviço aparece. A senhora vai nos dar uma mãozinha, não vai?

– Já estou indo, minha filha. Coitada de dona Antonieta!

A casa de Celina ficou pequena para tantas pessoas, o que a deixou preocupada:

– A senhora fez comida suficiente para todos, avozinha?

– Estou fazendo, Celina, todos vão poder tomar sopa à vontade. Seu avô Juliano está lá no quintal colhendo alguns legumes e tem uma surpresa para você. Fique sentada aí que vou chamá-lo.

Na casa, todos participavam de alguma forma. Os dois colegas de Celina brincavam com as crianças recém-chegadas, enquanto os pais atendiam às questões de higiene delas. O senhor Nestor, que ajudava o avô de Celina a colher os legumes e verduras, aproximou-se e comentou:

– Desculpe-nos o incômodo, Celina!

– Não se preocupe com isso, senhor Nestor. Em trabalhos assistenciais não se pode medir esforços nem estabelecer condições para sermos úteis. Graças a Deus, aqui tem sido uma casa transitória onde alguns buscam abrigo e depois de fortalecidos seguem seus caminhos, exceto alguns, cujos compromissos não permitem, graças a Deus!

A presença do senhor Juliano, trazendo as mãos para trás e um sorriso nos lábios, interrompeu a conversa. Celina, curiosa, perguntou:

– O que o senhor está escondendo aí, avozinho?

O senhor Juliano ofereceu a Celina um pequeno embrulho, que, desfeito, mostrou um lindo porta-retrato em madeira e nele estavam duas fotos. Uma de Celina e outra de um jovem senhor. Ao fitá-lo, nossa amiga perguntou perplexa:

– Quem é esse, avozinha?

– É seu pai! Acredito que foi tirado poucos meses antes de ele se casar com sua mãe.

– Mas esse é meu amigo jardineiro! É ele mesmo, avozinha!

Abraçada à avó, Celina deixou cair algumas lágrimas de felicidade, enquanto Antonieta explicava para o senhor Nestor quem era o jardineiro.

Aproximei-me de Matias, que, emocionado e feliz, prosseguiu executando as muitas obrigações que lhe cabiam, e comentei:

– Esta será uma data muito importante para todos nós, meu irmão!

– Será sim, querida irmã, pela manhã já teremos reunido todos e estabelecido as diretrizes a serem seguidas, e com a ajuda do Mais Alto conseguiremos exercitar nosso coração na sublime tarefa de servir.

Enquanto todos se alimentavam, Celina chamou a avó em particular e comentou:

– Como vamos fazer, avozinha? José Francisco só vai para a casa dos pais pela manhã!

– Nossa única alternativa é abrigá-los por esta noite aqui em casa!

– Faremos isso, então.

Esclarecida a situação a todos, ficou estabelecido que o casal e os filhos pernoitariam aquela noite na casa de Celina e somente pela manhã seguiriam para outra moradia. Os colegas da casa espírita se retiraram, depois de se comprometerem a voltar pela manhã. Depois, Celina buscou o aconchego da varanda, enquanto Antonieta e dona Lucélia cuidavam de acomodar os novos hóspedes. Celina, cansada, adormeceu. Liberta do corpo passou a interrogar-se:

– Quanta coisa tem acontecido desde a partida de minha mãe. Por que será?

Uma voz conhecida de seu coração lhe respondeu:

"O importante, Celina, é que você faça sua parte sem esperar reconhecimento de ninguém. Estou muito feliz com a forma como você tem utilizado os talentos que lhe foram ofertados."

– Mãe! Mãezinha, é a senhora mesma?

capítulo vinte e sete

O novo jardim

Dona Lucélia e a avó de Celina correram até a varanda ao ouvirem seus gritos e a encontraram em prantos:

– O que foi minha neta? Por que os gritos e tantas lágrimas?

– Eu a vi, avozinha! Era minha mãe! Ela me abraçou e falou coisas lindas! Era ela sim, eu tenho certeza!

Abraçando-se à neta, dona Antonieta comentou:

– Você é uma pessoa feliz, Celina, já conversava com seu pai e agora com sua mãe! Diga a ela que, mesmo não tendo sido possível conhecê-la, eu a quero muito bem e sou muito agradecida pela neta que ela me deu!

– Ela sumiu, avozinha!

– Mas você vai tornar a vê-la, tenho certeza disso. Fique quietinha aí que vou arrumar um lugar para você dormir. O dia hoje foi muito agitado, você deve estar cansada!

As duas se dirigiram ao interior da casa e nossa "flor" voltou a ficar sozinha, quando Matias, atendendo aos imperativos de amparar e guiar aquela que fora sua filha na última existência, endereçou-lhe pensamentos fraternos que foram logo captados:

– É o senhor, jardineiro?

"Sim, Celina!"

– Eu vi minha mãezinha, não vi?

"Viu sim, minha menina, mas você fez tanto barulho que assustou o pássaro que cantava junto de você!"

– É a emoção! O senhor é mesmo Matias, meu pai?

"Fui seu pai em minha última existência, mas muitas outras tivemos, quando os papéis se inverteram ou nos conduziram por situações diferentes. Mas sentimentos profundos nos unem, e você ocupa sempre um lugar de grande importância em meu coração."

– Eu gostaria de poder chamá-lo de pai. O senhor concorda?

"Claro, minha "flor". Isso me deixa muito feliz!"

– E mamãe, ela se foi?

"Carmela? Não, ela é a integrante que faltava em nossa equipe! Ficaremos todos juntos por um bom tempo, pois temos muito trabalho pela frente."

– Vi seu retrato, o senhor era muito bonito!

"Sua mãe está muito feliz por você!"

– Onde está ela, papai?

"Ao lado de sua avó, ajudando-a a acomodar todos para passarem a noite."

– Eu conseguirei falar com ela como falo com o senhor?

"Depende somente de você, Celina, de como conseguirá conter suas emoções. É importante que você mantenha o equilíbrio. Estaremos sempre por perto."

O diálogo entre Celina e Matias foi interrompido pela chegada de dona Antonieta:

– Vamos para dentro, Celina, você precisa descansar, pois o dia de amanhã promete ser muito cansativo.

Durante o sono, Celina sem dificuldade veio até nós e abraçando-se a Matias perguntou ansiosa:

– Onde está ela, papai?

– Lembre-se, minha filha, de que em qualquer ocasião é preciso manter o equilíbrio, pois isso nos possibilita disciplinar nossas emoções como garantia de bons resultados. Sua mãe está aqui conosco, mas a ansiedade ofusca sua visão! Vamos fazer uma prece pedindo a Deus forças. Esta será uma noite de muitas decisões.

Matias pronunciou sentida prece que foi acompanhada pelo seleto grupo de companheiros presentes e, ao final desta, vimos Carmela abrir os braços e receber a filha querida em um abraço carinhoso de mãe! Quem poderá descrever as vibrações obtidas em momentos como esse? As respostas encontramos no ontem de suas existências, encobertos pela imensa noite dos séculos, quando foram forjados os sentimentos que unem aqueles corações.

– Celina, minha menina, estou feliz por você e, graças a tudo o que você tem feito, podemos agora estar juntos novamente na execução de nossos compromissos.

– Obrigada, mãezinha, obrigada papai, e a todos os outros que aqui estão, por este momento de felicidade. Quando estaremos juntos novamente?

– Mas nós estamos, minha filha!

– Mas é como uma família?

– Nós somos uma família, somos filhos do mesmo pai. A família a que você se refere é frágil, sustentada pelos laços da carne, que desaparece quando esses se desfazem, mas quando um sentimento maior une a família, esta sobrevive à ação do tempo e os sentimentos que a alimenta tendem a fortalecer-se sempre mais. Muito temos a realizar, e você é para todos nós, e para outros que virão, a esperança de trabalho e a evolução!

– O que a senhora quer dizer com isso, mãezinha?

– Venha, vou lhe mostrar uma coisa.

De mãos dadas com Celina, Carmela a conduziu até o quarto onde estavam instalados os novos hóspedes, e para sua surpresa o casal estava fazendo as malas, acondicionando os poucos pertences em um saco enquanto falava:

– Nada de choradeira, Mariana. Nós vamos fazer o que tem de ser feito!

– Mas são nossos filhos, Miguel.

– Eu sei disso, mas é melhor privá-los de nossa companhia do que tê-los ao nosso lado vendo-os morrerem de fome. Já conversamos muito sobre isso, e eu acho que esta é a casa certa!

– Está bem, Miguel, mas se conseguirmos ganhar algum dinheiro voltaremos para buscá-los?

– É claro, Mariana! Nós os estamos deixando aqui justamente para podermos trabalhar mais livremente e reunir alguma economia. Voltaremos para buscar o que nos pertence.

– Meus Deus, mãezinha, eles vão embora e deixar as crianças!

– Isso mesmo, Celina! Agora serão oito, estes seis e mais Ricardo e Ana, que dependerão de você e de nós!

Matias interveio e perguntou:

– Então, minha filha, está disposta a nos ajudar?

– Claro, papai! Não vamos deixá-los desamparados.

– Mas para tudo existe um preço a ser pago, minha "flor", e você terá dificuldades em conciliar seus sonhos e projetos de mulher nesta existência com os compromissos a que se dispõe.

– Eu não estou entendendo muito bem o que o senhor quer dizer papai, mas confio em Deus e em vocês!

– Vou explicar melhor: quando nos dispomos a servir ao nosso próximo, invariavelmente estamos limitando nossas necessidades, relegando ao segundo plano os sonhos e projetos de vida na Terra, o que para uns é um alto preço. Ajudar os outros a resolver seus problemas nos custa algo e é preciso estarmos conscientes disto...

– O que vamos fazer, meu pai?

– Vamos erguer, no plano físico, um lar de proporções bem maiores para abrigar crianças desamparadas.

– Eu aceito!

– São muitos os corações que baterão à sua porta e isso exigirá de você tempo e dedicação, esquecendo-se de seus sonhos, e sua realização se fará pelo número de corações que fará sorrir, recebendo-os como filhos. Assim sendo, projetos de vida como casamento e filhos terão de ser abandonados junto com muitos outros sonhos de conquista na Terra!

– Eu não me importo! Tenho certeza de que irei me sentir feliz realizando esse trabalho, principalmente porque terei você e mamãe a meu lado!

Carmela abraçou a filha comentando:

– A maioria dos amigos que aqui se encontram farão parte da equipe que irá nos auxiliar nesta tarefa; portanto, amigos e afetos não lhe faltarão, minha filha! Servir sem nada exigir deve ser nosso objetivo maior. Pela persistência e dedicação, frutos da fé que nos revigora, Deus será sempre o pai querido a nos amparar.

– Quando vamos começar, mãezinha?

– Já começamos, "flor dos jardins de Nina", aí estão os oito primeiros filhos de nosso lar de esperança, para a criança desamparada. Por algum tempo ainda, você terá seus avós e dona Lucélia a ajudarem-na, e quando eles retornarem para cá, irão fazer parte da corrente de amigos que presta ajuda deste lado da vida. Dentro de pouco tempo, você terá Clarita de volta e ela será seu braço direito. José Francisco, com o coração dividido entre dois afetos do passado, Clarita e você, optará por aquela, contraindo núpcias. É preciso que assim seja para que as determinações do passado sejam cumpridas fielmente. Olinda e Mário também serão fiéis colaboradores. O filhinho deles permanecerá muito pouco tempo entre vocês, e ela, impossibilitada de ter outros, irá dedicar-se com o marido totalmente à sua causa cristã. Este é um resumo do que podemos esperar dos acontecimentos pela frente. Podemos contar com você, Celina?

Antes que nossa querida "flor" pudesse responder, Alonso, um companheiro e colaborador que iniciava suas atividades na casa, aproximou-se de Carmela e falou:

– Querida irmã, urge nos apressarmos nas decisões, Mariana encontra-se indecisa e sob nossa influência direta.

– Pode liberá-la, Alonso, Celina já tomou sua decisão. O jardim será construído, ergueremos nossa casa de amparo à criança, com a ajuda de Deus!

Furtivamente, Miguel e Mariana deixaram a casa de Celina e, a passos largos, desapareceram na noite.

Olhei aquelas crianças, agora sem pai nem mãe. Meu pensamento voltou ao passado, quando os fatos que deram origem à situação atual foram gerados e, ao encontrar Celina, Carmela e Matias comprometidos com muitos corações, também me vi na construção de meus compromissos do hoje.

Numa manhã fria do mês de maio, cinco anos depois, retornei ao lar de Celina. A casa tinha sido ampliada, abrigava vinte e duas crianças, e, como previra Carmela, tudo se confirmou: um novo jardim nasceu sob as bênçãos de Kardec e Jesus, e sob a bandeira do Espiritismo cristão.

Conclusão

Nossa querida Celina ainda transita pela senda de aprendizado na escola Terra à frente das atividades de um orfanato espírita, e, por sua insistência, nomes e alguns fatos tiveram de ser alterados para que ela não fosse identificada na comunidade espírita catarinense, mas creio que uma obra de tamanha grandeza não consiga passar despercebida ao olhar da sociedade. A Carmela, a Matias e a Celina, a eterna "flor" de nosso jardim, nosso beijo de agradecimento em nome dos muitos corações que foram, e outros que certamente serão, beneficiados por este ato de amor.

Com amor e carinho,

Nina Arueira

Querida Nina

Por mais singela que seja uma flor, ela sempre pode formar um jardim! Obrigado pela visão que nos dá sobre a importância de plantar uma boa semente, a fim de que possamos sentir "um perfume no ar"!

Há um perfume no ar
Há uma luz neste céu
Quando me ponho a orar
Sinto a mão de Deus.

E Deus fala comigo
Em minha oração
Como um Pai e Amigo
E a vida se faz canção.

Livros de Alceu Costa Filho

Nas margens do grande rio

Romance do Espírito Xisto Vinheiros

Anselmo e Eulália vivem às margens do Rio Araguaia. Na fazenda, espíritos conspiram com perversas intenções de vingança.

Entre amigos

Ditado pelo Espírito Filipe

No plano invisível do centro espírita, acontecimentos envolvem os que ali se encontram, beneficiados pelo trabalho de espíritos benfeitores.

Ao entardecer de uma existência

Ditado pelo Espírito Cornélio Pires

Sentindo-se abandonado e inútil, Francisco vive de recordações. Um visitante espírita, Luiz, vai ganhar sua amizade e auxiliá-lo a mudar sua vida.

À sombra da luz

Ditado pelo Espírito Filipe

O Espírito Filipe e seus caravaneiros instalam, na tenebrosa região dominada por Ponciano, um posto avançado, o "Luz", para socorrer almas arrependidas.

Ser feliz: uma conquista pessoal

Ditado pelo Espírito Filipe

Mensagens edificantes, transmitidas em linguagem simples, mas eloqüente, que despertam o otimismo, a confiança e o amor próprio.

Do amor nasce o perdão

Romance do Espírito Xisto Vinheiros

Depois de várias encarnações, unidos pela ambição, Getúlio e Sérgio lutam contra os desafetos do passado.

O diário de Sofia

Narrado pelo Espírito Nina Arueira

Entre a vida e a morte, Sofia vive uma experiência fantástica. Hospitalizada, em coma, ela vai adentrar a uma nova realidade: a vida espiritual.

Se você quiser conhecer todos os nossos títulos, e se interessar em receber um catálogo, sem compromisso, envie seus dados para Caixa Postal: 67545 – Ag. Almeida Lima – CEP 03102-970 – São Paulo - SP ou se preferir via e-mail: petit@petit.com.br